La consolation d'Israël (second Isaïe)

*traduction nouvelle avec introduction et notes -
Édition en larges caractères*

Alfred Loisy

ALICIA ÉDITIONS

Table des matières

INTRODUCTION	7
I. OBJET ET CARACTÈRE DES POÈMES	9
II. ISRAËL SERVITEUR DE IAHVÉ	13
III. CONDITIONS HISTORIQUES DE LA PUBLICATION	20
IV. FORME ET CLASSEMENT DES POÈMES	25

LA CONSOLATION D'ISRAËL

I. IAHVÉ, CYRUS, ET LE SALUT D'ISRAËL	33
La promesse qui ne faillira pas	33
Le bon message	34
Iahvé créateur et maître	35
Les dieux de néant et le vrai Dieu	36
Iahvé et Cyrus	38
La prédiction de Iahvé	39
Le triomphe	41
La transformation du désert	42
II. ISRAËL SERVITEUR ET TÉMOIN DE IAHVÉ	46
La vocation du Serviteur	46
L'intervention de Iahvé	47
Iahvé accomplit ses promesses	50
Puissance en bonté de Iahvé à l'égard d'Israël	52

III. LE DIEU IAHVÉ ET SON OINT CYRUS — 57

- Iahvé a prédit — 57
- Néant des idoles et puissance de Iavhé — 58
- Iahvé appelle Cyrus — 60
- Israël sauvé par Iahvé aux yeux de l'univers — 62
- Glorification de Iahvé et contusion des faux dieux — 64

IV. LA RUINE DE BABYLONE — 70

- Le châtiment — 70
- Impuissance des magiciens et des devins — 72

V. LES PRÉDICTIONS DE IAHVÉ — 74

- Prédictions anciennes et prédictions nouvelles — 74
- L'accomplissement — 76

VI. LE SERVITEUR DE IAHVÉ, LIBÉRATEUR D'ISRAËL ET LUMIÈRE DES NATIONS — 79

- La mission du Serviteur — 79
- Retour des exilés et restauration de Jérusalem — 81
- Asservissement des nations et châtiment des oppresseurs d'Israël — 83
- Humiliations et courage du Serviteur — 85
- Gloire d'Israël et salut des nations — 86
- Exploits Anciens et nouveaux de Iahvé — 88

VII. LA DÉLIVRANCE DE JÉRUSALEM — 93

- La coupe de la colère — 93
- Le retour des exilés — 95

VIII. LA MORT EXPIATOIRE DU SERVITEUR DE IAHVÉ — 98
La gloire après l'humiliation — 98
Les souffrances du Juste et le salut des pécheurs — 100

IX. LA NOUVELLE JÉRUSALEM — 103
Après l'abandon, la gloire sans fin — 103
Bonheur du peuple fidèle — 106

INTRODUCTION

Les chapitres XL-LV du livre traditionnellement attribué à Isaïe contiennent une série de poèmes prophétiques qui ont le même objet et qui semblent provenir du même auteur.

Nul critique ne pense aujourd'hui que ces oracles aient pu être prononcés par le prophète Isaïe, qui vécut dans la seconde moitié du VIIIe siècle, qui fut contemporain des rois de Juda Achaz et Ézéchias, des potentats assyriens Sargon et Sennachérib : ils ont été conçus en regard des conquêtes de Cyrus et en prévision de la restauration du peuple juif après la captivité de Babylone ; ils auraient été purement inintelligibles, et d'abord impensables, pour Isaïe et les gens de son époque. On y parle de Cyrus comme d'un personnage connu, de la captivité de Babylone comme d'un fait acquis ; ce qu'on y prédit est une chose qui n'est pas arrivée : le rétablissement tout proche et merveilleusement brillant du peuple juif et de Jérusalem, pour une éternité de gloire après la captivité qui s'achève.

Ainsi, la prophétie est antérieure à la maigre et difficile restauration juive qui se réalisa dans les premiers temps de l'empire perse ; on peut la dater approximativement de l'année où Cyrus prit Babylone (539 avant notre ère). D'autre part, ces poèmes se distinguent assez, par leur contenu, leur esprit et leur forme propres, soit des chapitres LVI-LXVI, qui les suivent dans le recueil d'Isaïe et qui sont plus récents, soit des éléments non authentiques, de date diverse, intercalés parmi les oracles authentiques d'Isaïe dans les chapitres I-XXXIX, pour qu'on les puisse étudier à part.

L'on s'est habitué à désigner leur auteur anonyme comme « le second Isaïe » ; le titre qui convient le mieux à leur objet peut se déduire de leurs premiers mots : *la consolation d'Israël*. Originairement, ils ont dû circuler sans titre ni nom d'auteur, et l'attribution à Isaïe, voulue peut-être par les compilateurs des écrits prophétiques, provient de ce que ces compilateurs les ont logés à la suite du recueil (chapitres I-XXXIX) préalablement formé sous le nom d'Isaïe. La fausse attribution était reçue au commencement du second siècle avant notre ère, quand écrivait l'auteur de l'Ecclésiastique.

Il sera donné ici seulement quelques précisions touchant l'objet et le caractère de ces morceaux, la façon dont y est comprise la vocation d'Israël, les circonstances de leur composition, aussi leur forme et leur classement.

La consolation d'Israël (second Isaïe)

I. OBJET ET CARACTÈRE DES POÈMES

Ce sont des poèmes prophétiques, inspirés à une âme ardente et haute par sa foi sincère, par le sentiment de l'avenir qui était en cette foi, devant un mouvement de l'histoire qui ne pouvait manquer d'influer sur les destinées d'Israël. L'auteur n'est, à proprement parler, ni historien ni philosophe. Il sait et il sent l'infortune de Juda, anéanti en 586 par la destruction de sa capitale et la déportation de son élite ; il voit le déclin de Babylone, si déjà il n'en a connu la chute ; il est témoin des succès rapides par lesquels Cyrus fonde l'empire des Perses, et sans doute est-il instruit de l'esprit qui anime le nouveau conquérant, héros de mansuétude et patron de liberté, si on le compare aux tyrans dévastateurs que Ninive et Babylone ont jetés sur l'Asie occidentale ; mais des temps anciens, il ne sait que la légende religieusement interprétée. Car il ne spécule pas non plus sur les mouvements de peuples et les causes politiques qui ont préparé l'effondrement des empires assyrien et babylonien, l'avènement de la Médie et de la Perse sur la scène de l'histoire. Fidèle disciple des Amos, des Isaïe, des Jérémie, il pense que les malheurs d'Israël ont été le châtiment de ses péchés, châtiment voulu par son Dieu, exécuté par les rois d'Assyrie et de Babylone, et il n'y cherche pas d'autre cause. Ce que nous pouvons appeler sa philosophie de l'histoire est uniquement puisé dans sa foi religieuse : il interprète en dessein providentiel le sort de son peuple.

Mais maintenant la perspective de l'avenir s'élargit singulièrement devant lui, en même temps

Alfred Loisy

que s'ouvre à sa considération le monde remué par la conquête perse, et que le rôle de son Dieu se fait pour lui plus grand, proportionné aux événements qui s'accomplissent, au bouleversement d'humanité qui semble se réaliser.

L'horizon des anciens prophètes ne dépassait guère la Mésopotamie d'un côté, le Nil de l'autre, et il s'agissait de savoir ce qui adviendrait d'Israël, attiré ou menacé, d'un côté par l'Égypte, de l'autre par l'Assyrie. Devant notre voyant s'ouvre le lointain Iran, et il perçoit l'agitation qui se produit chez les peuples de la Méditerranée orientale. La fortune d'Israël n'est plus seule en jeu, mais aussi celle des autres nations. Le prophète juif n'hésite pas à proclamer que Iahvé, créateur et maître du monde, Dieu unique de l'univers, va sauver son peuple désormais fidèle, et régner lui-même sur l'humanité entière, émerveillée de la restauration subite et imprévue, incomparablement glorieuse, d'une nation qui n'existait plus et que son Dieu a tirée de la mort. Cyrus n'est aux mains de Iahvé qu'un instrument béni ; la gloire du conquérant s'éclipse et se perd dans celle du Dieu qui l'a suscité, dans celle du peuple qui lui doit la liberté.

Conception grandiose, mais purement idéale, étayée sur des preuves dont l'évidence n'apparaît qu'à la foi, et qui ne s'est perpétuée que par la foi, en dépit de la contradiction que n'ont pas cessé d'y apporter les événements ultérieurs de l'histoire. Iahvé apparaît à notre prophète comme le Dieu unique, parce que lui seul a créé le monde et règle le destin des hommes, les autres divinités n'étant que des images de bois ou de métal et n'ayant par conséquent ni vie

La consolation d'Israël (second Isaïe)

ni intelligence. Le croyant juif méconnaît ainsi la véritable nature des dieux païens, que leurs adeptes font mystiquement présents dans leurs images, comme Iahvé lui-même était naguère encore mystiquement présent dans son arche, et comme il va redevenir mystiquement présent dans son temple ; même le poète semble ignorer que la façon dont il se représente la création est celle dont les Babyloniens faisaient de temps immémorial honneur à leur dieu Marduk. La supériorité de son Dieu n'est pas dans cette conception mythique de la création, mais dans ce qu'on pourrait appeler la dénationalisation de la divinité, dénationalisation qui est réalisée en principe, mais singulièrement limitée encore dans l'application, puisque l'accession des Gentils au culte de Iahvé les met dans une sorte de vasselage, si ce n'est de servitude, à l'égard du peuple élu. Cependant, il est bien vrai, au fond, que toute conception de dieu national et local s'efface devant cette idée d'un Dieu, universelle providence, chef et père de tous les hommes, quoique cette conception même soit en rapport avec une connaissance fort incomplète encore et du monde et de l'humanité.

D'autre part, l'espérance défie toute réalisation. Les victoires de Cyrus étaient pour la fondation de l'empire perse, non pour la glorification d'Israël et de son Dieu. La modération du conquérant et sa bienveillance à l'égard des peuples vaincus, la permission octroyée aux Juifs exilés de rentrer dans leur patrie ne pouvaient impliquer de la part du vainqueur ni un renoncement à sa souveraineté sur les débris d'Israël, ni une adhésion formelle et exclusive au culte de

Alfred Loisy

Iahvé. Cyrus a laissé les prêtres babyloniens proclamer que Marduk l'avait prédestiné à la royauté du monde, et il n'aurait pas été fâché d'apprendre que les prophètes juifs le déclaraient également favori de Iahvé, qui lui avait soumis les peuples ; il acceptait les bénédictions de tous les dieux, sans renoncer à sa propre religion.

Le désert n'a pas fleuri pour le retour des exilés, dont il n'est revenu qu'un petit nombre ; Jérusalem et le temple ont été péniblement, médiocrement rétablis ; le peuple juif n'a guère fait que changer de maîtres, jusqu'au jour où il est devenu étranger sur son propre territoire. Pour notre voyant, toute la douleur était du passé, tout l'avenir était de gloire : or l'avenir ne devait pas être moins douloureux que le passé. L'idée seule devait vivre et grandir ; la foi seule devait être glorifiée. Le Dieu des Juifs devait conquérir les nations pour lui-même, et comme s'il laissait son peuple à l'abandon. Au lieu de participer au triomphe de Iahvé et d'avoir les nations à son service, Israël devait tomber pour des siècles au rebut des nations.

Le contraste des prévisions avec les faits est d'autant plus frappant que le prophète insiste davantage sur la certitude de ses oracles, garantie, selon lui, par l'accomplissement actuel des oracles anciens. Il se moque des devins de Babylone, savants patentés pour la découverte de l'avenir, qu'ils se flattent de lire dans les astres, et qui n'ont jamais rien annoncé de vrai. Iahvé, au contraire, peut alléguer des prédictions accomplies, à l'appui de celles qu'apporte maintenant son envoyé. Comme notre auteur ne donne pas ses

La consolation d'Israël (second Isaïe)

références, on ne sait au juste quelles prophéties il a en vue. Qu'il s'agisse d'oracles perdus ou bien de textes à nous conservés, des prophéties de malheur qu'ont proférées Amos, Isaïe, Michée, Jérémie, ou bien de prophéties plus récentes, annonçant la ruine de Babylone, on peut être assuré que l'exégèse de notre voyant s'est faite spontanément assez complaisante pour les trouver de tout point exactes. Toutes les prophéties antérieures qu'il connaît et celles qu'il fait sont vraies pour sa foi. Les unes comme les autres seraient fort discutables pour une raison sévère et quant à leur accomplissement littéral.

II. ISRAËL SERVITEUR DE IAHVÉ

Une fortune extraordinaire était réservée à certaines parties de nos poèmes qui concernent le rôle du Serviteur de Iahvé.

En maint endroit, Jacob-Israël est qualifié de ce titre, et ainsi personnifié dans son histoire, aussi dans sa mission providentielle ; comme par ailleurs notre auteur ignore le roi-Messie, descendant de David, on pourrait dire qu'il connaît seulement un peuple messianique dans lequel et par lequel s'accomplissent les desseins salutaires de Iahvé, non un individu prédestiné à régner sur la société des élus.

Mais il se trouve que le personnage du Serviteur paraît, en certains morceaux, dessiné avec tant de précision et de traits apparemment individuels, surtout ceux qui concernent ses souffrances, condition préliminaire de sa gloire, que la tradition chrétienne y a pensé reconnaître une prédiction formelle de la carrière de Jésus et une description anticipée de sa passion ; que même beaucoup de critiques, en ces derniers temps, ont voulu voir dans ce portrait une personnalité de marque, soit Jérémie, soit Zorobabel, soit le prophète lui-même, soit quelque autre, soit le Messie compris en « homme de douleur », bien que l'embarras du choix plaide assez fortement contre la validité de toutes ces hypothèses.

Pour ce qui regarde la tradition évangélique, le rapport est suffisamment éclairci. Le Serviteur, quel qu'il soit, dont parlent nos textes, n'appartient pas au lointain avenir ; sa vie de souffrance est un fait du passé ; la perspective de sa gloire s'ouvre dans le présent. En toute rigueur de langage et de vérité, le prophète n'a rien prévu, rien annoncé de ce que racontent les évangiles ; mais le christianisme naissant s'est emparé de certains passages pour étayer sa démonstration et développer la tradition évangélique. Bien que, du point de vue de notre exégèse positive et rationnelle, rien ne soit plus arbitraire, rien n'était, en l'occurrence, plus naturel, Juifs et Chrétiens admettant également que les prophètes avaient tous décrit par anticipation l'avènement du Messie et l'établissement du règne de Dieu.

Ainsi donc, après avoir, par le plus hardi des contresens, reconnu Jean-Baptiste dans la seconde strophe du premier poème [1], on n'hésita pas à reconnaître Jésus et ses miracles dans la première strophe du second poème [2], à prendre, dans le sixième poème [3], la scène des injures chez Caïphe et dans le prétoire de Pilate, à interpréter au rabais, de la guérison des malades par Jésus, ce qu'on lit, dans le hui-

La consolation d'Israël (second Isaïe)

tième poème, du Serviteur portant nos infirmités et nos maladies [4], à identifier le Christ au Serviteur compté parmi les pécheurs [5]. Ce poème du Serviteur souffrant se prêtait tout entier à l'adaptation. On peut dire qu'il est, avec le Psaume XXII, à l'arrière-plan des récits de la passion dans les Évangiles. L'auteur des *Actes* en cite un long morceau [6] qui est censé avoir provoqué la conversion de l'eunuque éthiopien. Il n'est aucunement certain ni même probable que ces textes aient exercé une influence quelconque sur la pensée de Jésus [7], mais ils ont alimenté de bonne heure la légende et le service cultuels du Seigneur Christ.

Les critiques qui veulent entendre d'un individu quelques-uns des morceaux [8] relatifs au Serviteur de Iahvé, les attribuent volontiers à un auteur particulier qui aurait écrit après le second Isaïe et lui aurait été ensuite amalgamé. Il serait, en effet, difficile d'admettre que le même poète eût ainsi entremêlé dans ses chants le Serviteur-Israël et l'unique individu auquel aurait convenu éminemment le titre de Serviteur. Mais, critiquement parlant, cette dualité n'est à présumer que si les poèmes attestent deux courants de pensée irréductibles l'un à l'autre, et deux formes de style qui correspondraient à la différence des idées, Or, dans la réalité, il y a identité parfaite entre les deux courants d'idées, et conformité entière d'images et de vocabulaire. Israël a souffert, il a souffert plus qu'il ne méritait, il est mort, mais il va revivre, il revit glorieux par la puissance de son Dieu ; les peuples accourent, les peuples l'admirent, les peuples le servent. Sion s'étonne de se voir une postérité plus nombreuse infiniment qu'avant sa ruine. Il en va de même pour le Serviteur, qu'on nous représente humilié, bafoué, méprisé par tous les peuples, anéanti, enterré même avec les impies que Dieu punit, puis ressuscitant sous les yeux des peuples étonnés, qui maintenant l'admirent dans sa gloire, en sorte que le voilà devenu restaurateur d'Israël et lumière des nations.

Aucune personnalité historique ne répond aux conditions marquées pour le Serviteur. Outre que l'on ne sait pas vraiment si Jérémie et Zorobabel ont péri de mort violente, on ne voit pas bien comment on aurait pu les imaginer sortant de leurs tombeaux pour régner sur le monde. On ne conçoit pas plus facilement l'auteur lui-même s'idéalisant et se magnifiant au point de porter en ses mains le sort de l'humanité, se figurant mort pour la rédemption des hommes, et ressuscitant pour jouir avec eux de leur salut.

Il s'agirait plutôt, il s'agit en effet, d'un type idéal que l'on pourrait qualifier Messie, puisqu'il remplit une mission de salut auprès de l'humanité ; mais cette individualité messianique est elle-même insaisissable ; car le Messie en question n'est pas à venir ; le poète connaît toute sa carrière dans le passé, et il voit naître sa gloire ; il ne l'enferme pas dans le cadre limité d'une existence humaine ; à y bien regarder, l'histoire du Serviteur, naissance, éducation, malheurs, mission et avenir providentiels, se confond avec l'histoire d'Israël. Le Serviteur pourrait bien n'être qu'une fiction inimaginable, s'il n'est Israël poétiquement individualisé, idéalement personnifié.

La consolation d'Israël (second Isaïe)

Pour nous, la notion du Serviteur-Israël paraît aboutir à une contradiction insupportable ; mais n'est-ce pas un peu le cas de tous les concepts allégoriques, de tous les grands symboles dans leur rapport avec la réalité ? Israël, dira-t-on, peut bien être « lumière des nations » ; on ne voit pas comment il peut être chargé, de « ramener les tribus de Jacob ». C'est que la personnalité collective du Serviteur est assez complexe, et que la personnification idéale d'Israël se trouve parfois distinguée de l'Israël concret et réel ; alors c'est l'esprit et le corps, l'élite et la masse de la nation, qui sous le même nom d'Israël semblent se distinguer, s'opposer, l'une agissant sur l'autre, l'une sauvant l'autre.

Après tout le Serviteur lui-même, « lumière des aveugles », est dit, en tel endroit, « aveugle ». Israël tout entier est le peuple de Iahvé, son Serviteur, son Élu ; ce n'est pourtant pas chaque individu israélite qui souffre méritoirement pour la cause de l'humanité, qui s'emploie à faire connaître le vrai Dieu, qui lui sert d'organe, qui pourvoit à « l'alliance du peuple », à la restauration juive, et qui éclaire les nations. Un individu, quel qu'il soit ne pourrait s'acquitter à perpétuité de cette mission, être en tout lieu et en tout temps le témoin de Iahvé, mais ce ne sont pas non plus tous les Juifs qui s'emploient individuellement dans ce rôle transcendant ; ce sont les guides du peuple, les maîtres de la foi, l'Israël-prophète.

Aujourd'hui, quand nous parlons de l'humanité, nous l'entendons souvent, dans le même discours ou sur la même page, soit de l'humanité idéale, de celle qui devrait être, de celle qui veut être, qui travaille à se réaliser dans la vérité et dans la justice, soit du genre humain tel qu'il a existé, qu'il existe actuellement, et dont les membres, soit groupes, soit individus, sont loin de se présenter tous comme des types de haute intelligence et de parfaite moralité. Là même où l'individuation du Serviteur semble poussée à l'extrême et ne pouvoir s'entendre que d'une seule personne, par exemple, dans la description de ses souffrances, le cadre dépasse celui d'une activité unique, et tous les traits ensemble ne sauraient s'appliquer à un seul homme, à commencer par ceux de sa mort et de sa résurrection, qui, tels qu'ils nous sont donnés, ne peuvent s'entendre naturellement que par rapport à une personnalité collective, à l'Israël qui ne saurait périr. On doit tenir compte de ce que Iahvé, quand il parle de son Serviteur-Israël, le traite comme un individu qu'il a formé dans le sein de sa mère et qui subsiste dans tous ses descendants, toujours aimé de son créateur. Le Serviteur peut être humilié, anéanti pour un temps, il est élu pour l'éternité.

Le prophète a résumé dans cette notion du Serviteur la mission providentielle d'Israël et les desseins de Dieu sur l'humanité. Issu d'Abraham et de Sara, le Serviteur est Jacob-Israël ; son existence n'a pas été sans reproche ; mais, à la différence des prophètes qui ont connu en son pays le peuple israélite, qui l'ont vu associer d'autres dieux au culte qu'il rendait à Iahvé, notre voyant n'insiste pas sur les péchés ni sur le châtiment qu'ils ont mérité ; pour lui l'aveuglement de l'infidélité appartient au passé ; de même les horreurs de la catastrophe ; le présent a encore ses humi-

La consolation d'Israël (second Isaïe)

liations ; mais l'aurore se lève du plus brillant avenir, et c'est cette aurore que le prophète se plaît à saluer. Il sait bien qu'Israël avait mérité un châtiment ; mais il se risque à dire que les exécuteurs dont Iahvé s'était servi pour le punir ont outrepassé leur mandat ; ils ont été plus cruels que de raison. Israël a été frappé au double de ce qu'il avait mérité. C'est ce que n'auraient jamais dit Isaïe, Jérémie, Ézéchiel. Mais cette idée d'un excès dans l'expiation est le fondement de la théorie que notre auteur a développée touchant le rôle qui appartient à Israël dans les desseins de Iahvé sur l'humanité.

Israël a trop souffert, vraiment ; mais il n'a pas souffert en vain. Eu égard à ses fautes, il a subi peine double ; mais c'est qu'il n'a pas expié que pour lui-même. Le peuple élu a été aussi une victime choisie. Privilégié de Iahvé, il a été sévèrement puni pour lui avoir été infidèle ; mais, éminent jusque dans ses malheurs, privilégié jusque dans sa ruine, il a expié pour le commun des peuples qui avaient méconnu Iahvé dans leur ignorance. Le Serviteur-Israël a été le bouc émissaire du genre humain. Grâce à lui, maintenant tout le monde est racheté, les Gentils comme les Juifs.

Mais le Serviteur-Israël va exceller dans la gloire comme il a excellé dans la douleur. Le règne de Iahvé commence, et c'est aussi bien le règne de son Serviteur ; les tribus dispersées se rassemblent, les peuples accourent, le Serviteur fait l'union d'Israël, il éclaire les nations ; par lui Iahvé triomphe, et les nations, qui vont servir Iahvé, rendent pareillement hommage à son Serviteur.

Ainsi notre auteur fait valoir le grand symbole de la rédemption par le sacrifice, et si le symbole recouvre une vérité, celle-ci est loin d'en être dégagée. Iahvé, qui a cessé de se complaire au sang des taureaux et des boucs, a trouvé satisfaction dans l'écrasement d'un peuple qu'il aimait ; en considération de cette mort, il octroie la vie, et la vérité, et la paix, à toutes les nations. Le rêve est encore trop chargé de sang, le concept de l'expiation est trop lourd et trop matériel, Dieu est trop arbitraire, la perspective trop courte, la part d'illusion trop considérable. Mais le songe était d'une âme généreuse, et la vision était pénétrée d'une indéfinissable réalité.

III. CONDITIONS HISTORIQUES DE LA PUBLICATION

Les anciens *nabis* d'Israël n'étaient ni des écrivains, ni à proprement parler, des poètes ; c'étaient des possédés de Iahvé, qui, à l'occasion, rendaient l'oracle que leur soufflait l'inspiration du dieu. Ils étaient, au fond, les organes d'une vieille tradition où l'enthousiasme orgiastique des cultes cananéens s'était associé à la fière simplicité du nomade et à la lucidité de ses réflexions.

Ceux qui ont fait peu à peu le monothéisme israélite ont été les fougueux interprètes et les défenseurs intransigeants d'une idée : la précellence de Iahvé sur tous les dieux, et son droit exclusif à la vénération de son peuple. À la lueur de cette idée, ils jugeaient tous les événements et la politique des rois. Leur action se dessine nettement pour l'historien dans l'Israël du

La consolation d'Israël (second Isaïe)

Nord, au IXe siècle avant notre ère, contre la dynastie d'Achat qui leur est suspecte à raison de ses accointances tyriennes. Au VIIIe siècle, quand le péril assyrien se manifeste, on les voit, tant en Israël qu'en Juda, se prononcer résolument contre l'alliance égyptienne ; selon eux, Iahvé seul sauvera son peuple, si son peuple lui est fidèle. Au VIIe siècle, l'Israël du Nord a succombé, Juda subsiste en vassal de l'Assyrie. Quand Ninive a péri et que Babylone lui succède, Jérémie plaide encore contre le recours à l'Égypte. La ruine de Jérusalem, au commencement du VIe siècle, justifiera les prophéties de malheur : Jérémie et Ézéchiel y verront un juste châtiment, et comme une revanche de la foi sur la fausse sagesse des politiques. Mais les paroles de tous ces prophètes sont autant dire des actes qui s'incorporent directement à la vie nationale. Brève manifestation orale, publique, devant le peuple ou à la face du roi, touchant le fait du jour et le sentiment, la volonté de Iahvé, dans un cas donné.

Depuis la seconde moitié du VIIIe siècle, des recueils écrits de ces proclamations enflammées se font par les soins des prophètes eux-mêmes ou de leurs disciples. Mais l'oracle est conçu pour être dit ; l'inspiration vient pour une déclaration verbale, immédiatement lancée à ceux qu'elle concerne. Il en est encore ainsi pour les oracles authentiques d'Ézéchiel, qui ont été récités d'abord au groupe d'exilés parmi lesquels vivait ce prophète.

Tout autre paraît avoir été la condition de notre anonyme. Aucun, de ses poèmes ne s'adresse à un auditoire présent ; aucun ne garde la notice d'une circonstance déterminée, aucun ne fait allusion à la situation personnelle de l'auteur ou à celle de son entourage. Notre prophète, plus grand que tous ceux qui, avant lui ou après lui, ont osé parler au nom de Iahvé, n'est pas un homme public ; il chante comme un poète, il ne vocifère pas comme un devin. Assurément, il connaît des oracles d'anciens prophètes, et en quelque façon, il les imite ; mais il pense un peu plus que ses devanciers. Il sent aussi vivement, mais plus doucement ; on peut dire qu'il savoure son espérance et qu'il prend le temps de s'en griser lui-même. Il l'a développée dans ses odes, et, s'il a composé encore de véritables récitations, il les a faites assez longues, un peu comme les discours de Job ; s'il les a déclamées devant quelques amis, on peut croire que ce fut sans bruit et à portes closes, il a dû les coucher lui-même par écrit pour en faciliter la circulation.

On peut fixer approximativement le temps où il a rédigé ses poèmes ; on ne saurait dire le lieu que par conjecture.

Pour ce qui est du temps, la chute de Babylone était imminente, à moins que la ville ne fût déjà tombée aux mains de Cyrus ; peut-être même l'autorisation du retour avait-elle été déjà donnée aux captifs de Babylone ; mais on ne devait pas en être encore aux difficultés de la restauration, aux tiraillements entre ceux qui étaient revenus de l'exil et la population restée dans le pays, entre la Jérusalem nouvelle et ses voisins jaloux, au travail de réformes religieuses qu'a synthétisées la compilation de la Loi.

Notre auteur vécut un moment propice au grand

La consolation d'Israël (second Isaïe)

essor de l'espérance. Il traduisit cette crise joyeuse de la foi juive devant l'ébranlement définitif de la puissance assyro-babylonienne et la chute probable de toutes les vieilles monarchies ; il y vit l'annonce d'une ère nouvelle dans les relations et l'organisation des peuples. Il a salué l'avènement de Cyrus à la domination de l'Asie occidentale comme étant le prélude immédiat au règne de Iahvé et d'Israël sur le monde, et il n'a pas eu le temps de constater que la révolution historique dont il se promettait un tel succès aboutirait simplement à une domination nouvelle, moins dure que les anciennes ; sous laquelle les fidèles de Iahvé réussiraient seulement à organiser pour eux le culte exclusif de leur dieu, sous la protection du grand roi.

Il ne semble pas que notre prophète ait vécu à Babylone, sur le terrain même où s'accomplissaient les faits qui excitaient son espoir. De ces faits, il connaît la rumeur ; il les contemple de loin ; il n'en mesure pas les proportions réelles ; il s'imagine que Babylone va disparaître comme Ninive et qu'on ne parlera plus de ses dieux. C'est ce qui était difficile à croire sur place, même avant l'inauguration pacifique du règne de Cyrus à Babylone. Cette ville avait déjà changé de maîtres bien des fois sans cesser d'être Babylone, et le nouveau conquérant n'était pas un destructeur. La situation des exilés est assez vaguement comprise, et l'auteur ne paraît pas se douter qu'ils se sont assez enracinés au lieu de leur transportation pour que l'idée d'un retour en masse ne soit pas à considérer comme agréée par tous ceux que ce retour pourrait concerner.

Alfred Loisy

D'autre part, les poèmes ne semblent pas avoir été conçus en Palestine, parmi les débris de la population israélite, ou dans les embarras de la restauration commençante. À vrai dire, ils sont tellement en dehors et au-dessus des réalités tangibles que leurs points d'attache avec le monde contemporain sont malaisés à déterminer. Encore est-il qu'on ne peut les situer en Palestine plus vraisemblablement qu'à Babylone. La mention du Liban, de ses forêts et de son gibier, est un indice assez faible pour supposer que l'auteur aurait vécu isolé, quelque part, en Phénicie. Son attitude de spectateur distant inviterait plutôt à le supposer en Égypte, où beaucoup de Juifs s'étaient réfugiés quand Jérusalem succomba.

On ignore tout à fait comment ses poèmes ont été conservés depuis le temps où ils ont vu le jour jusqu'à celui où ils trouvèrent la place qu'ils ont gardée dans la compilation d'Isaïe. Renan [9] estimait que le prophète lui-même avait voulu « se perdre dans les rayons » de son devancier. L'hypothèse est d'autant plus fragile que « les rayons d'Isaïe » sont dus, pour une très grande part, à nos poèmes, et que l'auteur n'aurait pas pu se perdre dans une gloire qui lui appartient. Rien absolument n'invite à supposer qu'il ait mis ses compositions sous le nom d'Isaïe et les ait adjointes aux oracles de ce prophète. Il ne cherche aucunement à s'antidater.

Il n'a sûrement pas voulu dérober son nom à la postérité ; sans doute n'était-il pas non plus très soucieux de le lui léguer ; mais c'est dans la tradition, à travers les étapes de la transmission, que le nom de l'auteur aura été oublié.

La consolation d'Israël (second Isaïe)

On ne saurait déterminer les modalités de l'accident ou de la série d'accidents qui amenèrent l'oubli du nom, puis l'adjonction des poèmes à la collection d'Isaïe.

IV. FORME ET CLASSEMENT DES POÈMES

Les odes contenues dans le recueil de notre prophète anonyme se suivent sans que leur disposition accuse un plan régulier. Si l'auteur y avait mis un ordre, il est possible que cet ordre ait subi quelques modifications, soit par accident, soit par la volonté des compilateurs ; d'ailleurs, certains morceaux ont pu disparaître et le texte de ce qui nous a été conservé a subi quelques altérations dans le détail.

Ainsi le texte du poème concernant la mort expiatoire du Serviteur de Iahvé paraît lacuneux en quelques endroits et il est inintelligible en plusieurs détails, sans que l'on puisse, à ce propos, incriminer la volonté des copistes. Ceux-ci ont lu comme ils pouvaient des manuscrits qui avaient subi l'injure du temps. Certains passages ont été glosés. L'hypothèse d'une double origine pour les poèmes relatifs au Serviteur de Iahvé étant écartée, il n'y a pas lieu d'admettre pour l'ensemble une combinaison arbitraire de pièces émanant d'auteurs différents, comme c'est le cas dans la première partie du livre d'Isaïe.

Reste pourtant que nos poèmes se suivent sans titres généraux ni particuliers, sans étiquette ou marque par laquelle serait délimitée l'étendue de chacun. C'est par la structure et le contenu qu'ils se différencient l'un de l'autre, dans la mesure où ils sont différenciés.

On a vu que la somme des idées où se repose la méditation de l'auteur n'est pas très considérable, et ces idées ne sont pas développées selon notre logique dans un cadre où elles seraient exposées l'une après l'autre et poétiquement illustrées. Il ne serait pas très exagéré de dire que les mêmes thèmes sont traités dans tous les poèmes, et que les images ou la distribution de celles-ci varient plus que le sujet. Tout cela est dit dans une belle et forte langue, avec ce perpétuel parallélisme qui est la loi de la poésie hébraïque et qui en produit le rythme. Ainsi les énoncés parallèles font des couplets, les couplets font des strophes, les strophes font un poème ou une partie de poème, quand les groupés de strophes apparaissent co-ordonnés.

Par exemple, le premier morceau du premier poème est fait de trois strophes, composées chacune de deux couplets, lesquels sont formés chacun de deux vers, chaque vers étant d'ailleurs fait de deux membres régulièrement coupés ; ce premier groupe de strophes annonce le message de salut, et il est co-ordonné au second, qui contient en deux strophes, à deux couplets de deux vers, un résumé du message même.

Faut-il, après cela, séparer les groupes suivants où l'auteur s'étend sur la grandeur incomparable de Iahvé, pour amener ensuite Cyrus et célébrer le retour des exilés ? Il ne semble pas : les sept morceaux que l'on trouvera marqués dans la présente traduction comme constituant le premier poème paraissent

La consolation d'Israël (second Isaïe)

former un tout en deux parties qui se correspondent, le quatrième morceau, où Cyrus est dit suscité par Iahvé, formant le point culminant, et les autres morceaux se faisant pendant de part et d'autre, avec répétition de formules caractéristiques. Il y a de l'arithmétique beaucoup plus qu'on ne croirait dans cette poésie, où il faut faire sans doute la part de la mnémotechnie.

Les autres poèmes, ou groupes de morceaux, qui sont indiqués dans la traduction, ont été constitués de la même manière. En tête du second poème viennent trois strophes conjointes dont on a proposé d'isoler au moins les deux premières ou de les transposer, parce qu'elles concerneraient le Serviteur-individu. Elles sont très bien à cette place, si on veut les entendre du Serviteur-Israël, dont le poète formule pour la première fois l'éminente vocation à l'égard du « peuple » et des « nations », avant de célébrer dans les morceaux suivants, l'intervention de Iahvé, qui, après avoir rappelé au sentiment de sa vocation le Serviteur lui-même, va réaliser ses promesses de telle sorte qu'Israël, qui les a reçues et en faveur de qui elles s'accomplissent, lui soit témoin devant l'univers. Israël ne pourra pas se flatter d'avoir mérité sa gloire, mais il est l'élu, et les nations viendront à lui pour appartenir au peuple de Iahvé.

Cyrus a les honneurs du troisième poème, qui est en plusieurs points parallèle au premier : il y est encore parlé des prédictions anciennes, du néant des dieux païens, du rachat du Serviteur-Israël, que Iahvé sauve en suscitant Cyrus, ce conquérant ayant pour unique raison d'être, aux yeux de notre voyant, la libération du Serviteur dont Iahvé ménage ainsi la glorification. Par là sera glorifié Iahvé lui-même, à la confusion des idoles.

D'un objet plus spécial est le quatrième poème, consacré à la ruine de Babylone : cette ruine, qui est censée devoir être complète, est un châtiment pour l'excès des mauvais traitements que Babylone a infligés à Juda, aussi pour son idolâtrie ; et le prophète se rit de ses devins fameux, qui savaient lire jour par jour l'avenir dans les astres, et qui n'ont pas prévu la catastrophe.

Connexe au précédent, le cinquième poème, également en deux tableaux, vante les prédictions de Iahvé, les anciennes, qui sont accomplies, les nouvelles qui sont en voie de s'accomplir. Il triomphe de ce dernier accomplissement dans la conquête de Babylone par Cyrus et dans le retour des exilés.

Les quatre derniers poèmes exaltent alternativement le Serviteur de Iahvé et la restauration glorieuse de Jérusalem.

Le sixième redit d'abord en termes pénétrants la mission du Serviteur, mission de salut pour Israël et les peuples, après une grande humiliation. Suivent deux groupes de strophes où sont décrits le retour miraculeux des exilés et la reconstruction de Jérusalem, l'asservissement volontaire des nations à Israël et le châtiment de ceux qui ont opprimé le peuple élu. Puis l'on revient au Serviteur, à ses humiliations et à son courage, et encore à la glorification d'Israël et à la conversion des peuples, pour finir par un vibrant appel au premier exploit de Iahvé, la création du

La consolation d'Israël (second Isaïe)

monde, et par l'assurance de la protection qu'il garde au peuple dont il fait son prophète.

En deux tableaux, le septième poème rappelle la coupe de la colère divine, que Jérusalem a bue, et qui passe maintenant à ses ennemis, et le retour triomphal des exilés, gardés par Iahvé comme au jour de la sortie d'Égypte.

De tous les poèmes, le huitième, qui raconte la mort du Serviteur, est le plus pathétique, nonobstant les altérations qui ont obscurci le sens de plusieurs passages : on y oppose simplement à la gloire dont commencent à s'étonner les peuples, les humiliations et les malheurs, l'injuste mort qui ont frappé le Serviteur ; c'est qu'il portait les péchés de tous et faisait pour tous satisfaction.

Le neuvième poème ne pouvait être et il n'est qu'un hymne à la gloire de la Jérusalem nouvelle [10] : fécondité imprévue de l'épouse réconciliée à son époux divin, bonheur du peuple désormais fidèle, dernière assurance de retour pour les exilés ; comme le désert, au commencement du premier poème, se transformait en route large et unie pour le retour triomphal des captifs, il se métamorphose, à la fin du dernier poème, en forêt splendide qui restera comme un monument vivant du grand miracle accompli par Iahvé. Le désert n'a pas changé d'aspect, mais l'œuvre du prophète anonyme subsiste en mémorial de la foi. De cette œuvre, la traduction qu'on va lire s'est efforcée de rendre simplement la physionomie, si émouvante dans sa naïveté, si originale dans son impersonnalité [11].

Alfred Loisy

1. Comparer *Matthieu*, III, 1-3 ; *Marc*, I, 2-4 ; *Luc*, III, 2-6 ; *Jean*, I, 23.
2. Comparer Matthieu, XII, 17-21.
3. Comparer *Marc*, XIV, 65 ; XV, 19 ; *Matthieu*, XXVI, 67 ; XXVII, 3 ; *Luc*, XXII, 63-64 ; *Jean*, XVIII, 22.
4. Comparer *Matthieu*, VIII, 17.
5. Comparer *Luc*, XIII, 37.
6. Comparer *Actes*, VIII, 30-33.
7. Il n'y a pas lieu d'alléguer en sens contraire la citation d'*Isaïe*, LXI, 1-2, qui se lit dans *Luc*, IV, 18-19, et qui est censée avoir fourni à Jésus le thème de sa prédication à Nazareth : la scène de prédication a été artificiellement conçue par l'évangéliste ; le texte n'est pas du second Isaïe, et appartient à la partie du livre communément désignée sous le nom de troisième Isaïe ; il ne concerne pas Le Serviteur de Iahvé, mais l'auteur même de la prophétie.
8. La première strophe du second poème (XLII, 1-4) ; les deux premières strophes du sixième poème (XLIX, 1-6), et dans ce même poème les deux premières strophes du quatrième morceau (L, 4-9) ; enfin le huitième poème en son entier (LII, 13-LIII).
9. *Histoire du peuple d'Israël*, III, 445, 475. Renan attribuait encore au second Isaïe les chapitres LVI-LXVI, et lui aurait même donné volontiers XIII-XIV, 23 ; XXI, 1-10 ; XXXIV-XXXV.
10. On a proposé d'y rattacher *Isaïe*, LX-LXII, dont l'objet est sensiblement le même ; mais ces chapitres sont plutôt d'un auteur plus récent, qui a imité le second Isaïe.
11. Les principaux commentaires d'Isaïe qui ont été publiés en ces derniers temps sont ceux de : K. MARTI, *Das Buch Jesaia*, 1900 ; B. DUHM, *Das Buch Jesaia*, 1892, 4e édition, 1923 ; K. BUDDE, dans *Die Heilige Schrift des Alten Testaments* (Kautzsch-Bertholet), 1923 ; M. HALLER, dans *Die Schrifteri des Alten Testaments*, II, III, 1925 ; T-K. CHEYNE, *The Prophet Isaiah* (Holy Bible, Polychrome Edition, 10), 1904 ; A. CONDAMIN, *Le livre d'Isaïe*, 1905. On a généralement suivi, dans la présente traduction, la distribution des poèmes et des strophes adoptée par Condamin.

LA CONSOLATION
D'ISRAËL

I. IAHVÉ, CYRUS, ET LE SALUT D'ISRAËL

La promesse qui ne faillira pas

> Consolez, consolez mon peuple,
>   dit votre Dieu ;
> Rassurez Jérusalem
>   et criez-lui
>
> Qu'elle a fini sa cordée,
>   qu'est expié son crime ;
> Qu'elle a reçu de la main de Iahvé
>   double (peine) pour tous ses péchés [1].
>
> Une voix crie : Dans le désert [2] frayez
>   le chemin de Iahvé ;
> Aplanissez dans la steppe
>   route à notre Dieu.

Alfred Loisy

> Que toute montagne et colline s'abaissent,
>   toute vallée se comble ;
> Que le terrain montueux devienne plaine
>   et les escarpements vallon.
> [Et se manifestera la gloire de Iahvé,
>   et la verront tous les hommes ensemble ;
>   car la bouche de Iahvé l'a dit [3]].
>
> Une voix [4] dit : Crie.
> Et je dis [5] : Que crierai-je ?
> Toute chair est herbe,
> et toute sa beauté comme fleur du champ.
>
> Se dessèche herbe, se fane fleur
>   quand souffle de Iahvé la frôle [6].
> Se dessèche herbe, se fane fleur ;
>   mais la parole de notre Dieu subsiste à jamais.

Le bon message

> Sur montagne haute monte,
>   messager [7] de bonheur pour Sion ;
> Élève avec force la voix,
>   messager de bonheur pour Jérusalem.
>
> Dis bien haut sans crainte :
>   Voici le Seigneur [8] !
> Dis aux villes de Juda :
>   Voici votre Dieu.

La consolation d'Israël (second Isaïe)

Iahvé avec puissance vient,
    et son bras lui fait victoire.
Voici son gain avec lui,
    et son butin [9] devant lui.

Comme un berger son troupeau, il paîtra,
    de son bras, il le rassemblera ;
Les agneaux dans son sein, il portera,
    les mères, il ménagera.

Iahvé créateur et maître

Qui mesure dans le creux de sa main les eaux [10],
    et des cieux à l'empan règle les dimensions,
Jauge au boisseau la poussière de la terre,
    pèse au crochet les montagnes
        et les collines à la balance ?

Qui règle l'esprit de Iahvé
    et (comme) son conseiller l'instruit ?
Qui a-t-il consulté pour qu'on l'éclairât,
    qu'on lui enseignât la voie juste [11]
    et que du chemin de sagesse, on l'instruisît ?

Voici les nations, comme goutte en seau,
    comme grain de poussière sur balance, elles comptent.
    Voici les îles [12] comme grain de sable, elles pèsent
……………………………………… [13]

Alfred Loisy

Et le Liban, il ne suffit pas au bûcher,
    et ses animaux, ils ne suffisent pas à l'holocauste [14].
Toutes les nations sont comme rien devant lui,
    comme néant et vide, elles comptent pour lui.

Les dieux de néant et le vrai Dieu

À qui assimilerez-vous Dieu
    et quelle ressemblance lui donnerez-vous ?
Un artiste fond l'idole,
    Un orfèvre d'or la revêt,
        de chaînes d'argent, il l'enserre.

L'un à l'autre vient en aide
    et à son compagnon, il dit : Courage !
Artiste encourage orfèvre,
    et batteur polisseur,
        disant de la soudure : C'est bien ! [15]

Pour mettre sur pied l'image [16],
    bois imputrescible, on choisit ;
Artiste habile, on se cherche,
    pour installer idole qui ne branle pas.

Ne savez-vous pas, n'avez-vous pas appris,
    ne vous l'a-t-on pas annoncé dès le commencement ?

La consolation d'Israël (second Isaïe)

n'avez-vous pas compris depuis la fondation de la terre ? [17]

Il siège par-dessus le cercle [18] de la terre
    et ses habitants (lui sont) comme sauterelles.
Il étend comme voûte [19] les cieux
    il les déploie comme tente d'habitation.

Il met les princes à néant,
    les juges de la terre à rien, il réduit.
À peine sont-ils plantés, à peine semés,
    à peine s'enracine en terre leur tige :
Il souffle sur eux, et ils se dessèchent,
    et la tempête comme fétu les emporte.

À qui m'assimilerez-vous qui me soit comparable ?
    dit le Saint.
Levez en haut vos yeux et voyez :
    qui a créé cela ?

Celui qui fait défiler dénombrée leur armée,
    qui tous par nom les appelle ;
Au grand en forces et ferme en puissance [20]
pas un ne fait défaut [21].

Pourquoi dis-tu, Jacob,
    déclares-tu, Israël :
Mon sort est caché à Iahvé,
    et à mon Dieu mon droit échappe ?

Alfred Loisy

> Ne sais-tu pas, n'as-tu pas appris ?
> > Iahvé est un Dieu éternel,
> > qui a créé les extrémités de la terre ;
> Il ne se fatigue ni ne s'épuise ;
> > insondable est sa sagesse ;
> Il donne au fatigué, vigueur,
> > au défaillant, force grande.
>
> Se fatiguent les jeunes gens, et ils s'épuisent,
> > et les jeunes guerriers finalement chancellent ;
> Mais ceux qui espèrent en Iahvé renouvellent vigueur,
> > ils poussent ailes comme les aigles ;
> Ils courent et ne sont pas épuisés,
> > ils vont et ne sont pas fatigués.

Iahvé et Cyrus

> Faites-moi silence, îles ;
> > peuples, attendez ma remontrance [22].
> Approchez, et puis parlez ;
> > ensemble, entrons en jugement.
>
> Qui a suscité de l'Orient le juste,
> > l'a appelé sur ses pas pour qu'il vînt [23],
> Lui a livré les nations,
> > assujetti les rois ?
>
> Son glaive les met en poussière,
> > Son arc comme fétu les disperse.

La consolation d'Israël (second Isaïe)

Il les poursuit, il passe heureusement,
    par chemin que de ses pieds, il ne foule pas [24].

Qui fait et accomplit cela ?
    Celui qui évoque les générations depuis l'origine,

Moi Iahvé, qui suis premier,
et avec les derniers suis encore.

Les îles voient et sont en crainte,
    les extrémités de la terre en tremblement ;
Elles approchent,
    elles arrivent ensemble pour jugement [25].

La prédiction de Iahvé

Apportez votre cause,
    dit Iahvé Dieu [26] ;
Amenez vos idoles [27],
    dit le roi de Jacob.

Qu'ils approchent et nous annoncent
    ce qui doit arriver.
Le passé, ce qu'il devait être, montrez-nous,
    et nous l'examinerons ;
Ou bien l'avenir, faites-le nous connaître,
    et nous en saurons l'issue [28].

Alfred Loisy

Annoncez ce qui arrivera plus tard,
  et nous saurons que vous êtes dieux.
Hé ! faites bien, faites mal,
  que nous en ayons surprise et vue à la fois !
Mais vous n'êtes rien,
  et votre œuvre est néant :
    abominable qui s'attache à vous.

Je l'ai suscité du Nord, et il est arrivé ;
  de l'Orient, je l'ai appelé par son nom [29].
Il foule [30] les princes comme argile,
  comme potier piétine glaise.

Qui l'a prédit jadis, pour que nous le sachions,
  à l'avance, pour que nous disions : « Juste ! »
Nul ne l'a prédit, nul ne l'a proclamé,
  nul n'a entendu vos paroles.
Premier à Sion, je l'ai annoncé [31],
  et à Jérusalem, j'ai donné messager de bonheur.

Je regarde : il n'y a personne,
  et parmi eux nul n'est de conseil.
Si je leur demande : D'où vient-il ?
  ils ne répondent mot [32]
Eh bien ! tous ne sont rien ;
  néant sont leurs œuvres ;
    vent et vide sont leurs images.

Mais toi, Israël, mon serviteur [33],
  Jacob, que j'ai élu ;

La consolation d'Israël (second Isaïe)

Race d'Abraham, mon ami [34],
………………………………….

Toi que j'ai pris aux bouts de la terre [35],
    et que de ses bords, j'ai appelé,
À qui j'ai dit : Tu es mon serviteur ;
    je t'ai élu et ne t'ai pas rejeté.

Ne crains pas, car je suis avec toi ;
    Ne t'inquiète pas, car je suis ton Dieu.
Je te fortifie, je viens à ton aide,
    Je te soutiens de ma droite juste [36].

Le triomphe

Ils vont être confondus et couverts de honte ;
    tous ceux qui s'acharnent contre toi ;
Ils seront réduits à rien et ils périront,
    ceux qui te font querelle ;

Tu les chercheras et ne les trouveras pas,
    ceux qui te font rixe ;
Ils seront réduits à rien et à néant,
    ceux qui te font guerre.

Car moi, Iahvé ton Dieu,
    je tiens ta droite ;
Je te dis : Ne crains pas ;
    c'est moi qui te viens en aide.

Alfred Loisy

>Ne crains pas, ver [37] de Jacob,
>   vermisseau [38] d'Israël ;
>C'est moi qui suis ton aide [39] et ton rédempteur,
>   le Saint d'Israël.
>
>Voici que je fais de toi une herse,
>   neuve, garnie de dents ;
>Tu fouleras les montagnes et les broieras
>   et les collines en fétus réduiras ;
>
>Tu les vanneras et le vent les emportera,
>   l'ouragan les dispersera ;
>Mais toi, tu exulteras en Iahvé,
>   dans le Saint d'Israël, tu te glorifieras.

La transformation du désert

>Les pauvres [40] cherchent de l'eau en vain ;
>   leur langue par la soif est desséchée ;
>Moi, Iahvé, je les exaucerai ;
>   Dieu d'Israël, je ne les abandonnerai pas.
>
>Je ferai jaillir sur les sommets nus ruisseaux,
>   et au milieu des vallées sources ;
>Je changerai le désert en étang,
>   et la terre aride en fontaines.
>
>Je mettrai dans le désert cèdre,
>   acacia, myrte et olivier.

La consolation d'Israël (second Isaïe)

Je placerai dans la steppe cyprès,
  pin et mélèze ensemble,

Afin qu'ils voient et sachent,
  qu'ils reconnaissent et comprennent ensemble
Que la main de Iahvé a fait cela,
  et que le Saint d'Israël l'a réalisé.

---

1. Jérusalem ruinée personnifie le peuple ; peuple et ville n'ont que trop souffert ; voici venir le salut. L'auteur semble même dire que la peine a dépassé ce que voulait Iahvé dans sa justice, en sorte que les exécuteurs de ses vengeances ont mérité d'être eux-mêmes punis. Le rythme du dernier vers serait meilleur en hébreu, si on lisait simplement : Qu'elle a reçu peine double pour tous ses péchés.
2. Le désert de Syrie. Iahvé ramènera son peuple de Babylone par le plus court chemin ; c'est pourquoi ordre est donné, sans doute par un prince de la milice céleste à des agents inférieurs, de faire disparaître tous les obstacles.
3. Glose probable.
4. Encore la voix d'un agent céleste, mais qui s'adresse au prophète lui-même.
5. Leçon du grec. Hébreu : « Et il dit ».
6. Ici glose ajoutée : « Oui, le peuple est herbe ».
7. Leçon du grec. Hébreu : « Messagère ». Ce sont les prophètes à qui il a été dit d'abord de « consoler » Jérusalem. Ils montent sur les hauteurs pour guetter et annoncer l'arrivée de Iahvé.
8. Ces mots se trouvent dans l'hébreu au commencement de la strophe suivante : « Iahvé avec puissance vient », etc., où ils font surcharge.
9. Gain et butin sont ici les biens recueillis par le chef victorieux et qu'il distribuera à ses fidèles. Peut-être l'auteur pense-t-il aux richesses des nations.
10. La masse des eaux, les océans, et peut-être doit-on lire simplement : « la mer ».

11. « Le sentier de droit », ici la bonne manière de conduire le monde, et non simplement la justice. L'hébreu ajoute « qu'on lui enseignât la science ».
12. Proprement : les pays maritimes, îles et littoral des continents.
13. Manque ici le second membre du vers.
14. Pour Iahvé, tout le bois du Liban et tout son gibier ne fourniraient pas la matière d'un digne sacrifice.
15. Dans le texte, ces deux vers sont égarés après le morceau suivant. On y lit de plus, à la fin : « Il la consolide avec des clous pour qu'elle ne branle pas. »
16. Mots altérés, qu'on restitue et traduit par conjecture.
17. Texte : « N'avez-vous pas compris les fondements de la terre ? » Le poète imagine que, depuis le commencement, les ancêtres ont dû comprendre et savoir que Iahvé était le créateur souverain maître de l'univers.
18. La terre est un grand disque, que domine la voûte du firmament ; Iahvé de là-haut voit les hommes comme des insectes.
19. Texte : « comme voile ».
20. Texte : « par grandeur de force et fermeté de puissance ».
21. L'auteur connaît les noms des constellations, et même il les personnifie ; les astres sont l'armée de Iahvé, qui les passe régulièrement en revue et en fait l'appel nominal.
22. Texte : « Et que les peuples renouvellent vigueur. » Répétition fautive d'une formule rencontrée quelques lignes plus haut. La signification très large du mot « îles » a été précédemment signalée.
23. Pris tel quel, le texte se traduirait : « Qui a suscité de l'Orient (celui) que la justice (la victoire) rencontre à chaque pas. » Construction embarrassée et sens subtil. La traduction ci-dessus est fondée sur le grec. Il s'agit de Cyrus et de ses conquêtes. Dans une inscription babylonienne de Cyrus, on lit que Marduk, le grand dieu de Babylone, « chercha un roi juste, prit par la main l'homme selon son cœur, nomma par son nom Cyrus roi d'Anshan, appela son nom à la royauté du monde ». Ce sont là formules de vieille théologie sémitique.
24. Il marche sans toucher terre. Sens douteux.
25. Ces deux vers, qui correspondent au début du présent morceau, semblent introduire la dispute contenue dans les deux premières strophes que nous attribuons au morceau suivant, et qui dans le texte, viennent à la fin du poème.
26. Leçon du grec.

La consolation d'Israël (second Isaïe)

27. Texte : « vos forces », c'est-à-dire « vos preuves » (?). Il s'agit des dieux des nations, qui, dans les lignes suivantes sont mis au défi de produire, soit, quant au passé, des prédictions qui se soient vérifiées, soit, quant au présent, des prédictions que justifierait le prochain avenir.
28. Les deux membres de ce vers sont intervertis dans le texte.
29. Texte : « De l'Orient, il invoquera mon nom. » L'auteur insiste volontiers sur l'appel de Iahvé, et il dira plus loin que Cyrus ne connait pas le Dieu d'Israël.
30. Texte : « Il vient. »
31. Texte : « Premier à Sion : Voici, les voici ! » Il s'agit d'une prédiction concernant Cyrus et que Iahvé seul a faite, mais on ne voit pas bien quelle prophétie antérieure peut être ici visée.
32. Texte douteux ; vers restitué d'après le grec.
33. Israël se trouve ainsi présenté d'abord comme serviteur de Iahvé, élu de Dieu, en un sens éminent et qui ne convient qu'à lui.
34. Manque le second membre de ce vers.
35. Vocation d'Abraham.
36. Entendons : fidèle, ou bien : victorieuse.
37. Si grand comme serviteur élu de Iahvé, Israël paraît n'être rien, et il est pour les peuples objet de mépris.
38. Texte : « hommes ».
39. Le texte ajoute : « parole de Iahvé ».
40. Le texte ajoute : « et les indigents ».

II. ISRAËL SERVITEUR ET TÉMOIN DE IAHVÉ

La vocation du Serviteur

Voici mon serviteur [1], que je soutiens,
    mon élu, en qui se complaît mon âme.
J'ai mis mon esprit sur lui :
    le droit aux nations, il exposera.

Il ne crie pas ni ne parle haut,
    il n'élève pas au-dehors la voix ;
Roseau froissé, il ne brise pas,
    mèche qui fume, il n'éteint pas.

Fidèlement il exposera le droit ;
    il ne se lassera ni ne se fatiguera,
Qu'il n'ait établi sur terre le droit
    et que son enseignement les îles n'attendent.

La consolation d'Israël (second Isaïe)

Ainsi dit le Dieu Iahvé,
    qui crée les cieux et les déploie,
        qui consolide la terre avec ses produits,
Qui donne souffle à ceux qui l'habitent,
    esprit à ceux qui y marchent :

C'est moi Iahvé qui t'ai appelé dans (ma) justice
    et qui t'ai pris par la main ;
Je t'ai formé pour alliance de peuple
    et je t'ai établi en lumière de nations [2],

Pour ouvrir les yeux aveugles [3]
....
Pour tirer de prison les captifs et du cachot
    ceux qui habitent ténèbres.

Je suis Iahvé,
    tel est mon nom ;
Ma gloire à nul autre, je ne donnerai,
    ni mon honneur aux idoles.

Les choses jadis prédites, les voici arrivées,
    et de nouvelles j'annonce ;
Avant qu'elles germent
    je vous les fais connaître.

L'intervention de Iahvé

Chantez à Iahvé cantique nouveau,
    sa louange jusqu'au bout de la terre !

Alfred Loisy

Que bruisse la mer [4] avec tout ce qu'elle porte,
   les îles avec leurs habitants !
Que s'exclament le désert et ses villes,
   les villages qu'habite Cédar [5] !

Que crient de joie les habitants de Séla [6],
   du haut des montagnes qu'ils chantent d'allégresse !
Que l'on rende à Iahvé gloire,
   et que sa louange dans les îles on célèbre !

Iahvé comme un héros s'avance,
   comme un guerrier, il excite son ardeur ;
Il pousse un cri, un grand cri de guerre,
      contre ses ennemis, il se comporte héroïquement.

Je me tais depuis longtemps [7],
   je suis silencieux, je me contiens ;
Comme la femme en travail je me plains,
   je soupire en haletant.

Je vais dévaster montagnes et collines,
   et toute leur verdure, je dessécherai ;
Je changerai les torrents en steppes [8],
   et les étangs, je dessécherai.

Je conduirai les aveugles par route qu'ils ne connaissent pas,

La consolation d'Israël (second Isaïe)

et par sentiers qu'ils ne connaissent pas, je les guiderai.
Je changerai les ténèbres devant eux en lumière,
  et les escarpements en terrain uni.
Ces choses-là, je les accomplirai,
  je n'y manquerai pas.

Ils reculeront, ils seront confondus,
  ceux qui se confient en l'idole,
Qui disent à l'image fondue :
  Tu es notre dieu.

Sourds, entendez ;
  aveugles, regardez, afin de voir.
Qui est aveugle, sinon mon serviteur [9],
  et sourd comme le messager que j'envoie ?
Qui est aveugle comme l'affidé,
  et sourd [10] comme le serviteur de Iahvé ?
Tu as vu beaucoup, et tu n'as pas observé ;
  oreilles ouvertes, tu n'as pas entendu.

[Iahvé s'était plu, en raison de sa justice
  à faire loi grande et auguste.
Et c'est peuple pillé et dépouillé ;
  ils sont tous liés dans des trous
    et dans des prisons, ils sont cachés [11].]

Ils sont au pillage, et nul ne les délivre ;
  dépouillés, et nul ne dit : Rendez !
Qui d'entre vous prête l'oreille à cela,
  observe et entend pour l'avenir ?

Alfred Loisy

>Qui a livré aux spoliateurs Jacob
>>et aux pillards Israël ?
>[N'est-ce pas Iahvé, contre qui nous avons péché,
>>dans les voies duquel on n'a pas voulu marcher,
>>et dont on n'a pas écouté la loi ? [12]]
>Qui a répandu sur lui le feu de son courroux
>>et la violence de la guerre ?
>Entouré de flammes, il n'a pas compris ;
>>brûlé, il n'a pas fait attention.

Iahvé accomplit ses promesses

>Et maintenant, ainsi dit Iahvé,
>>qui t'a créé, Jacob,
>>>qui t'a formé, Israël :
>Ne crains pas, car je t'ai racheté ;
>>je t'ai appelé par ton nom : à moi, tu es.
>
>Si tu traverses les eaux, avec toi, je suis ;
>>et les flots, ils ne t'engloutiront pas ;
>Si tu passes par le feu, tu ne seras pas brûlé,
>>et la flamme n'aura pas prise sur toi.
>Car je suis Iahvé ton Dieu,
>>le Saint d'Israël, ton sauveur.
>
>Je donne pour ta rançon l'Égypte,
>>l'Éthiopie et Seba [13] à ta place,
>Parce que tu as prix à mes yeux,
>>que tu as valeur et que je t'aime ;
>Je livre des terres [14] à ta place,

La consolation d'Israël (second Isaïe)

des nations pour ta vie.

Ne crains pas, car avec toi, je suis :
   de l'Orient, j'amènerai ta descendance
      et de l'Occident, je te rassemblerai.
Je dirai au Nord : Donne !
   et au Midi : Ne retiens pas !

Amenez mes fils du pays lointain,
   et mes filles du bout de la terre,
Tous ceux qui portent mon nom,
   et que pour ma gloire j'ai formés, j'ai créés [15].
Faites venir le peuple aveugle qui a des yeux,
   les sourds qui ont des oreilles [16].

Que toutes les nations s'assemblent à la fois,
   et que se réunissent les peuples.
Qui parmi eux annoncera cela
   et d'anciennes prédictions nous allèguera ?
Qu'ils produisent leurs témoins et se justifient ;
   qu'on les entende et qu'on dise : C'est vrai !

Vous êtes mes témoins, parole de Iahvé,
et mon serviteur [17] que j'ai élu.

Pour qu'ils sachent, qu'ils me croient,
   qu'ils comprennent [18] que je le suis [19] :
Avant moi ne fut formé aucun dieu,
   et après moi, il n'en sera pas.

C'est moi, moi, qui suis Iahvé,
   et il n'est pas, hors moi, de sauveur ;

Alfred Loisy

> C'est moi qui annonce et qui sauve,
>> qui prédis....... [20] ;
> Il n'est parmi vous autre (dieu),
>> et vous êtes mes témoins, parole de Iahvé.

> Moi je suis Dieu dès l'éternité [21],
>> aussi pour l'avenir, je le suis ;
> Nul de ma main n'arrache rien ;
>> ce que je fais, qui l'abolira ?

> Ainsi dit Iahvé votre rédempteur,
>> le Saint d'Israël :
> À cause de vous, j'envoie à Babel,
> ....
>> et les Chaldéens (?).........[22]
> Je suis Iahvé, votre Saint, créateur d'Israël, votre roi.

Puissance en bonté de Iahvé à l'égard d'Israël

> Ainsi dit Iahvé,
>> qui pratique dans la mer une route
>>> et dans les grandes eaux un chemin ;
> Qui fait avancer chars et chevaux,
>> armée et guerriers ensemble :
> Ils sont couchés ; pas ne se relèveront ;
>> ils sont éteints, comme mèche consumés [23].

> Ne vous souvenez pas des choses de jadis,
>> aux choses d'autrefois ne songez pas.

La consolation d'Israël (second Isaïe)

Voici que je fais chose nouvelle :
  déjà cela germe, ne le voyez-vous pas ?

Oui, je vais mettre dans le désert une route.
  au lieu aride, des torrents ;
Me célébreront les bêtes de la plaine,
  chacals et autruches.

Car je placerai, au désert, de l'eau,
  des torrents, au lieu aride,
Pour abreuver mon peuple, mon élu,
  le peuple que je me suis formé,
    qui récitera mes louanges.

Pourtant tu ne m'as pas invoqué, Jacob,
  tu ne t'es pas fatigué pour moi, Israël ;
Tu ne m'as pas offert l'agneau de tes holocaustes,
  et de tes sacrifices, tu ne m'a pas honoré ;
Je ne t'ai pas grevé d'oblation,
  je ne t'ai pas tracassé pour encens.

Tu n'as pas acheté pour moi, de ton argent, parfum,
    de la graisse de tes victimes, tu ne m'as pas rassasié ;
  Mais tu m'as grevé de tes péchés,
    et tu m'as tracassé de tes iniquités [24]

C'est moi, c'est moi qui efface tes fautes [25]
  et de tes péchés ne me souviens plus !
Fais-moi souvenir [26], et plaidons ensemble ;
  parle, toi, pour te justifier.

Alfred Loisy

Ton premier père pécha [27]
    et tes interprètes me furent infidèles ;
        tes princes ont profané mon sanctuaire [28].
Et j'ai livré à l'anathème Jacob,
    Israël aux outrages.

Et maintenant écoute, Jacob, mon serviteur,
    Israël, que j'ai élu.
Ainsi dit Iahvé, qui t'a fait,
    t'a formé dès le sein maternel et t'a secouru :

Ne crains pas, mon serviteur Jacob,
    Ieshurun [29], que j'ai élu ;
Car je répandrai de l'eau sur le (sol) altéré,
    des ruisseaux sur la (terre) desséchée.

Je répandrai mon esprit sur ta descendance,
    et ma bénédiction sur tes rejetons.
Ils germeront [30] comme herbe près de l'eau [31],
    comme prairies sur les rivières.

Tel dira : À Iahvé, je suis !
    et tel prendra le nom de Jacob ;
Tel écrira sur sa main : À Iahvé !
    et du surnom d'Israël se parera [32].

---

1. On lit dans le grec : « Jacob mon serviteur, Israël mon élu ». L'auteur de cette glose n'aura pas pensé que ce serviteur élu pût être autre que celui dont parlait le poème précédent. Iahvé, Dieu unique, n'a aussi qu'un « serviteur », un héraut auprès des nations ; mais l'action d'un individu ne serait nul-

La consolation d'Israël (second Isaïe)

lement proportionnée à un tel ministère auprès de tous les peuples, dans toutes « les îles » et continents.

2. Texte : « Je t'ai formé et je t'ai établi pour alliance du peuple, pour lumière des nations. » Le « peuple » est Israël, que le Serviteur doit ramener et fortifier dans « l'alliance » de son Dieu, comme il doit apporter aux Gentils « la lumière » du « droit », c'est-à-dire de la vraie religion. Le prophète lui-même fait partie de cet Israël-Serviteur, l'Israël idéal, l'élite croyante, qui a mission auprès de la masse juive et auprès des païens.
3. Manque le second membre du vers, où étaient mentionnés probablement les sourds. La captivité dont il est parlé ensuite n'est peut-être pas à entendre dans un sens tout spirituel, comme la cécité.
4. Texte : « Ceux qui descendent sur la mer. »
5. Région et peuple dans l'Arabie du Nord.
6. Ville d'Idumée.
7. C'est Iahvé qui parle.
8. Texte : « en îles ».
9. Il n'est pire aveugle que le Serviteur de Iahvé. La notion du Serviteur a donc plusieurs aspects. Le Serviteur est Israël ; mais tantôt c'est l'Israël fidèle et inspiré, sauveur de son propre peuple et lumière du monde, tantôt la masse qui incline à la superstition idolâtrique et dont on attend la conversion.
10. Texte : « aveugle ». Le vers entier pourrait être doublet du précédent.
11. Passage suspect d'interpolation et texte peu sûr.
12. Interpolation probable, et que la mention de la « loi » coordonne à la précédente.
13. Région et peuple voisins de Cush (Ethiopie).
14. Texte : « des hommes ». Israël compte pour Iahvé plus que tout autre peuple ; s'il faut une compensation à Cyrus pour les Juifs qu'il va libérer, Iahvé lui attribuera volontiers quelques nations célèbres par leurs richesses.
15. Le texte ajoute : « que j'ai faits ».
16. Ces aveugles et ces sourds dans l'ordre spirituel sont le Serviteur aveugle et sourd dont il a été parlé plus haut ; c'est la masse du peuple juif maintenant dispersé. Le rassemblement des Juifs, annoncé par Iahvé, sera un fait unique dans l'histoire du monde, et Iahvé met les nations au défi d'en alléguer un pareil à l'honneur de leurs dieux.

17. On pourrait lire : « et mes serviteurs » ; mais il n'y a pas lieu, l'identité du Serviteur étant par ailleurs établie, et la formule : « mon serviteur, que j'ai élu », étant comme stéréotypée dans nos poèmes.
18. Texte : « que vous sachiez, que vous me croyiez, que vous compreniez ». Mais c'est devant les Gentils et non devant lui-même que le Serviteur-Israël est témoin de Iahvé.
19. Ou : « que c'est moi », c'est-à-dire que le Dieu d'Israël est le Dieu unique, ainsi qu'il va être expliqué.
20. Manque un mot dans le texte.
21. Ligne complétée d'après le grec.
22. Texte altéré et intraduisible.
23. Allusion aux miracles de l'exode, passage de la mer Rouge et engloutissement des Egyptiens dans les flots, mais c'est pour dire que maintenant Iahvé va faire quoique chose de plus merveilleux encore.
24. Ce développement est teinté de quelque ironie ; si Iahvé pardonne, ce n'est pas pour y avoir été sollicité par d'abondants sacrifices ; Iahvé, du reste, ne se plaint pas d'en être privé ; et si la remarque visait le culte rendu au Dieu d'Israël avant la captivité, on devrait dire que l'auteur n'en était pas très bien informé. Iahvé revendique pour lui-même l'initiative du pardon.
25. Le texte ajoute : « à cause de moi ».
26. Iahvé, déclarant qu'il oublie les péchés, invite plaisamment Israël à faire valoir ses mérites, que Dieu n'a point vus.
27. Tout le passé d'Israël témoignerait contre lui : depuis Jacob « le dupeur » (voir *Osée*, XII, 3-4), qui est le « premier père », jusqu'aux « interprètes », les prophètes, et aux « princes », les rois de Juda.
28. Texte : « et j'ai profané les princes du sanctuaire ».
29. Nom de tendresse, employé en variante d'Israël.
30. Noter la correspondance des termes : esprit, bénédiction (ou grâce), germination (ou vie).
31. Leçon du grec.
32. Ainsi l'auteur prévoit la libre accession de Gentils au peuple de Dieu ; mais il indique comme symbole religieux un tatouage de la main (pratique condamnée dans *Lévitique*, XIX, 28), non la circoncision ; encore n'attache-t-il d'importance qu'au sens et non à la réalité de la marque.

III. LE DIEU IAHVÉ ET SON OINT CYRUS

Iahvé a prédit

Ainsi dit Iahvé, roi d'Israël,
    et son rédempteur Iahvé des armées :
Je suis premier, et je suis dernier ;
    hors moi, il n'est pas de dieu.

Qui est comme moi ? qu'il s'avance [1] et parle,
    qu'il fasse prédiction et me l'oppose !
Qui annonça dès longtemps l'avenir [2] ?
    ce qui arrivera, qu'on nous [3] le prédise !

N'ayez peur, ne craignez pas !
    ne l'ai-je pas jadis révélé et prédit ?
Vous m'êtes témoins s'il est un dieu
    ou un refuge [4], hors moi !

Alfred Loisy

Néant des idoles et puissance de Iavhé

    Les fabricateurs d'idoles, tous, ne sont rien,
        et leurs chers objets à rien ne servent.
    Et leurs témoins [5], eux, ne voient rien,
        ils ne savent rien, à leur confusion.
    Qui fabrique un dieu une idole fond,
        qui ne sert à rien.

    Voyez, tous ses incantateurs seront confondus,
        ses artisans, ils seront couverts de honte [6] !
    Qu'ils se rassemblent tous, qu'ils s'avancent,
        ils trembleront, ils seront ensemble confondus.

    L'ouvrier en fer aiguise [7] hache,
        il travaille idole [8] à la braise ;
    À coups de marteau, il la façonne,
        il la travaille à force de bras.
    Il est affamé, à bout de force ;
        il ne boit pas d'eau, il est épuisé.

    L'ouvrier en bois tend cordeau,
        il fait dessin au crayon ;
    Il l'exécute avec le ciseau,
        au compas, il le dessine ;
    Il le fait à image d'homme,
        en bel homme pour habiter maison.

    Il est allé [9] couper pour lui du bois [10],
        il a pris rouvre et chêne ;
    Il s'est pourvu [11] parmi les arbres de la forêt,

La consolation d'Israël (second Isaïe)

que plante Dieu [12], que la pluie fait croître.
Cela sert à l'homme pour faire du feu,
    il en allume, et il se chauffe [13].

Une fois réchauffé, il dit : Ah !
    je suis réchauffé, je sens le feu !
Le reste, il façonne en dieu,
    idole qu'il adore prosterné ;
Il la supplie et il lui dit :
    Sauve-moi, car tu es mon dieu [14].

Et il ne réfléchit pas en lui-même
    il n'a pas l'intelligence ni le bon sens de dire :
J'en ai brûlé la moitié au feu,
    même j'ai cuit, sur la braise, du pain,
        j'ai rôti de la viande et je l'ai mangés ;
Et du reste, je ferai une idole abominable,
    un bloc de bois, j'adorerai !

Il paît cendre (?) ;
    son cœur abusé l'égare.
Il ne se sauve pas lui-même et ne dit pas :
    N'est-il pas mensonge en ma droite ?

Souviens-toi de cela, Jacob,
    Israël, car tu es mon serviteur.
Je t'ai formé : mon serviteur, c'est toi ;
    Israël, tu ne m'oublieras pas [15] !
J'ai fait disparaître comme nuage tes fautes,
    comme nuée tes péchés :
        reviens à moi, car je t'ai racheté.

Alfred Loisy

> Criez de joie, cieux, parce que Iahvé l'a fait !
> > clamez d'allégresse, profondeurs de la terre !
> Poussez, montagnes, votre cri de joie !
> > (aussi) la forêt, avec tous ses arbres !
> Car Iahvé a racheté Jacob,
> > en Israël, il manifeste sa gloire.

Iahvé appelle Cyrus

> Ainsi dit Iahvé, ton rédempteur,
> > qui t'a formé dès le sein maternel :
> C'est moi, Iahvé, qui fais tout ;
> > je déploie les cieux tout seul,
> > > je fonde la terre, et qui est avec moi ?
>
> J'anéantis les signes des augures [16],
> > et je rends insensés les devins ;
> Je mets les sages en déroute,
> > et change leur science en folie ;
>
> Je réalise la parole de mes serviteurs [17],
> > et accomplis le dessein de mes envoyés.
> Je dis de Jérusalem : On l'habitera !
> > et du temple : On le reconstruira [18] !
> Des villes de Juda : On les rebâtira,
> > et leurs ruines, je relèverai !
>
> Je dis à l'abîme : « Dessèche-toi !
> > je tarirerai tes flots.

La consolation d'Israël (second Isaïe)

Je dis de Cyrus : C'est mon pasteur [19] ;
   toutes mes volontés, il accomplira.

Ainsi dit Iahvé à son oint [20] Cyrus,
   dont il tient la main droite,
Pour fouler devant lui les nations
   et dénouer les ceintures des rois ;
Pour ouvrir devant lui les portes,
   et que les entrées n'en soient pas fermées :

Moi, devant toi je marcherai,
   et les chemins, j'aplanirai ;
Les portes d'airain, je briserai,
   et les verrous de fer, je romprai.
Je te donnerai des trésors cachés,
   et des richesses enfouies secrètement,
Pour que tu saches que c'est moi Iahvé
   qui t'appelle par ton nom, le Dieu d'Israël.

À cause de mon serviteur Jacob
   et d'Israël mon élu,
Je t'ai appelé par ton nom,
je t'ai désigné [21], bien que tu ne me connusses pas.

C'est moi Iahvé, et personne autre ;
   hors moi, il n'est pas de dieu.
Je t'ai ceint [22] bien que tu ne me connusses pas,
   afin que l'on sache au Levant
      et au Couchant, que rien n'est hors moi.

Alfred Loisy

> C'est moi, Iahvé, et personne autre :
>   je forme la lumière et je crée les ténèbres ;
> Je fais le bonheur et je crée le malheur ;
>   c'est moi Iahvé, qui fais tout cela.
>
> Arrosez, cieux, d'en haut,
>   et que les nuages versent en pluie la justice !
> Que la terre s'entrouvre pour produire le salut,
>   et qu'elle fasse germer aussi la justice !
>   C'est moi Iahvé qui crée cela [23]

Israël sauvé par Iahvé aux yeux de l'univers

> Ainsi dit Iahvé,
>   le Saint d'Israël, qui le forme :
> Sur l'avenir, allez-vous m'interroger [24]
>   et sur l'œuvre de mes mains me donner des ordres ?
>
> C'est moi qui ai fait la terre
>   et y ai créé l'homme ;
> C'est moi dont les mains ont déployé les cieux,
>   et qui à toute leur armée commande.
>
> C'est moi qui l'ai suscité selon justice,
>   et toutes ses voies, j'aplanis.
> Lui, il rebâtira ma ville
>   et renverra les captifs de mon peuple [25],
> Non pour rançon ni pour présent,
>   dit Iahvé des armées.

La consolation d'Israël (second Isaïe)

Ainsi dit Iahvé : Les laboureurs d'Égypte, les marchands d'Éthiopie [26],
  les Sebéens, hommes de taille,
À toi viendront et à toi seront,
  derrière toi, ils marcheront [27] ;
Ils se prosterneront devant toi,
  ils te supplieront :

Chez toi seul est Dieu, il n'en est pas d'autre,
  aucune divinité.
Oui, avec toi est [28] un Dieu caché,
  le Dieu d'Israël est sauveur.

Ils sont honteux et confus tous ensemble,
    ils s'en vont avec confusion, les fabricants d'idoles.
  Israël est sauvé par Iahvé en salut éternel :
    vous ne serez plus honteux ni confus dans les siècles des siècles.

Car ainsi dit Iahvé :
  Celui qui a créé les cieux,
    il est Dieu ;
  Celui qui a formé la terre et qui l'a faite,
    c'est lui qui l'a installée ;
  Pour chaos, il ne l'a pas créée,
    pour qu'on l'habite il l'a formée. ,

C'est moi Iahvé, il n'en est autre ;
  ce n'est pas en secret que j'ai parlé,
    en lieu obscur de la terre [29].

Alfred Loisy

Je n'ai pas dit à la race de Jacob :
    Pour néant [30], cherchez-moi.
Moi, Iahvé, je dis justice
    et j'annonce vérité.

Glorification de Iahvé et contusion des faux dieux

Assemblez-vous, venez, approchez ensemble, survivants des nations !
Ils ne savent rien, ceux qui portent leur idole de bois et supplient un dieu qui ne sauve pas.

Rapportez, exposez, qu'on délibère ensemble !
    Qui a publié cela autrefois ?
        qui jadis l'annonça ?
N'est-ce pas moi Iahvé ?
    et il n'est autre dieu que moi,
        de dieu juste et sauveur, il n'est que moi.

Tournez-vous vers moi pour être sauvées,
    vous toutes, extrémités de la terre.
Car je suis Dieu, et il n'en est autre ;
    par moi, je le jure !
Sort de ma bouche vérité,
    parole irrévocable :

Devant moi fléchira tout genou,
    par moi jurera toute langue.
En Iahvé seul me sont, dira-t-on,

La consolation d'Israël (second Isaïe)

    justice et force ;

À lui viendront confus
    tous ceux qui sont échauffés contre lui :
En Iahvé triomphera et se glorifiera
    toute la race d'Israël [31].

Écoutez-moi, maison de Jacob,
    et vous tous, reste [32] de la maison d'Israël,
À charge dès les entrailles maternelles,
    portés dès le sein.

Jusque la vieillesse, ce sera moi,
    jusqu'à l'âge extrême, moi qui soutiendrai ;
C'est moi qui ai porté [33], moi qui porterai,
    moi qui soutiendrai et préserverai.

À qui m'assimilerez-vous, m'égalerez-vous,
    me comparerez-vous, pour que nous soyons semblables ?

On prend or dans la bourse,
    et argent sur la balance, on pèse ;
On paie orfèvre pour faire de cela un dieu,
    puis on se prosterne, on adore ;

On le porte sur épaule et on le soutient,
    on le met en place et il est debout ;
        de son lieu, il ne bougera pas.
Si quelqu'un l'invoque, il ne répond pas,
    de sa détresse, il ne le sauve pas.

Alfred Loisy

Bel fléchit, Nébo tombe ;
  leurs idoles sont, à bêtes et montures,
    chargées [34], portées à grand-peine.
Ils tombent, ils fléchissent ensemble [35] ;
  ils ne peuvent préserver le fardeau,
    et eux-mêmes en captivité s'en vont.

Rappelez-vous cela et comprenez-le,
  souvenez-vous en, rebelles,
    rappelez-vous l'antique passé.
Moi, je suis Dieu, et il n'en est autre,
  Dieu, et il n'en est pas comme moi.
J'annonce, dès le commencement, la fin,
  et par avance ce qui n'est pas réalisé.

Je dis : Mon dessein s'accomplira,
  et toutes mes volontés, je réaliserai.
J'appelle de l'Orient l'oiseau de proie [36],
  de terre lointaine l'homme de mon dessein.
Ainsi, j'ai dit, ainsi je l'exécuterai ;
  j'ai conçu, ainsi je réaliserai.

Écoutez-moi, hommes sans courage [37],
  qui êtes loin de la justice [38] :
Je fais approcher ma justice ; elle n'est pas loin ;
  et mon salut ne tardera pas.
Je mettrai en Sion le salut,
  et sur Israël ma gloire.

---

1. Mot restitué d'après le grec.

La consolation d'Israël (second Isaïe)

2. Texte (inintelligible) : « Depuis que j'ai établi un peuple éternel, et l'avenir ».
3. Texte : « qu'on le leur prédise ».
4. Texte : « et pas de refuge, je ne sais »
5. Comme les fidèles de Iahvé sont les « témoins » de leur Dieu, les fidèles des idoles le sont aussi de leurs faux dieux, mais ceux-ci ne font pas voir de miracle, ni connaître de révélation prophétique.
6. Texte : « Voyez, tous ses compagnons seront confondus, et les artisans, ce sont des hommes ». L'artisan fait l'image, mais c'est l'incantateur qui y loge le dieu.
7. Mot ajouté d'après le grec.
8. Mot suppléé pour le sens.
9. Mot suppléé pour le sens.
10. Texte : « des cèdres ».
11. Mot et sens douteux.
12. Leçon du grec. Texte : « il plante pin ».
13. Suit glose : De même, il en allume et cuit pain ; de même, il fait un dieu et se prosterne, il en fait idole et l'adore. Il en a brûlé la moitié au feu, sur les charbons il fait rôtir la viande, il mange le rôti et il se rassasie. Les mots : « sur les charbons », sont restitués d'après le grec, au lieu de l'hébreu : « avec la moitié ».
14. Suit glose : Ils ne savent ni ne comprennent ; car leurs yeux sont bouchés à ne point voir, leur cœur (alourdi) n ne pas comprendre.
15. Texte : « tu ne seras pas oublié de moi ».
16. Les devins de Babylone. Texte : « des menteurs »,
17. Texte : « mon serviteur ». Il s'agit sûrement des prophètes.
18. Vers rétabli d'après 'un doublet que le texte garde à la fin de la strophe, faisant ainsi donner par Cyrus lui-même l'ordre de rebâtir Jérusalem et le temple.
19. On pourrait lire : « mon ami ».
20. Notre auteur ne connaît pas de roi Messie ; si Iahvé appelle Cyrus sont « oint », c'est en tant que ce prince est investi d'une mission providentielle pour la libération d'Israël.
21. Iahvé, en prédestinant Cyrus, n'a pas prononcé que son nom, il a prononcé sa qualité, sa grande royauté.
22. Devant Cyrus, Iahvé a « dénoué la ceinture des rois », ç est-a-dire qu'il les a privés de force ; il met à Cyrus sa ceinture, pour lui donner puissance. Cependant, Cyrus ne connaît pas Iahvé. Le prophète lui-même ne voit en Cyrus que le conqué-

rant sous lequel Babylone est près de succomber. On a supposé bien gratuitement que ce qu'il va dire de Iahvé créateur de la lumière et des ténèbres, auteur du bonheur et du malheur, pourrait être une réprobation consciente du dualisme persan.
23. Suit glose, qui est en rapport avec la première strophe du morceau suivant et accentue l'inconvenance qu'il y aurait à critiquer le dessein de Iahvé, au fond, à ne pas croire que Cyrus soit l'instrument de sa providence pour la libération d'Israël :
   Malheur à qui dispute contre qui le forme,
   tesson parmi tessons de terre !
   Est-ce que l'argile dit au potier : Que fais-tu ?
   et l'œuvre (à l'ouvrier) : N'as-tu pas de mains ?
   Malheur à qui dit à père : Pourquoi engendres-tu ?
   et à femme : Pourquoi enfantes-tu ?
24. Le texte ajoute : « au sujet de mes enfants », ce qui paraît être une glose erronée, en rapport avec la précédente.
25. Leçon du grec.
26. Texte : « le gain d'Égypte et le profit d'Éthiopie ». On a déjà rencontré les trois peuples ici indiqués.
27. Le texte ajoute : « dans les fers, ils passeront », à lire plutôt : « ils serviront » ; mais le contexte implique un service volontaire.
28. Texte : « tu es ». Ce vers et les deux suivants appartiennent encore au discours des peuples ; et c'est pour ces étrangers, non pour Israël, que Iahvé était « un Dieu caché »,
29. L'auteur vise probablement quelques sanctuaires païens à oracles, par exemple l'oracle d'Amon dans l'oasis, ou des oracles de dieux infernaux.
30. Peut-être : « au chaos » (même mot, *tohu*, que deux vers plus haut), le « lieu obscur » et « secret », dont il vient d'être parlé.
31. Les trois derniers vers de cette strophe représentent la confession des Gentils fléchissant le genou devant Iahvé. Dans la strophe suivante, le texte amène d'abord les deux vers concernant les dieux de Babylone ; ces vers viennent, à ce qu'il semble, plus naturellement à la fin, à moins qu'ils ne soient tout à fait en dehors de leur contexte primitif.
32. Survivants des épreuves nationales. L'auteur paraît y impliquer non seulement Juda mais l'Israël du Nord, idéalement réunis sous la protection de leur dieu. L'appel de Iahvé à Is-

La consolation d'Israël (second Isaïe)

raël, au commencement de cette strophe, fait pendant à l'appel aux Gentils au commencement de la strophe précédente.
33. Texte : « qui ai fait ».
34. Texte : « ce que vous portez ». Ce sont les Babyloniens qui sont supposés se charger de leurs idoles pour s'enfuir avec elles.
35. Les dieux encore, plutôt que les porteurs ; ici distingués de leurs propres images, ils sont censés ne pouvoir les sauver et être emmenés captifs avec elles. En fait, Cyrus a rendu ses hommages aux grands dieux babyloniens Bel Marduk et Nabu, et il se vante même d'avoir ramené dans leurs sanctuaires certains dieux que le dernier roi de Babylone, Nabunaïd, en avait retirés.
36. Cyrus.
37. Leçon du grec. Texte : « forts de cœur ».
38. Dans ce vers et dans le suivant, « justice » paraît signifier victoire du droit et devient à peu près synonyme de salut.

IV. LA RUINE DE BABYLONE

Le châtiment

> Descends et assieds-toi dans la poussière,
>   vierge, fille de Babel [1] !
> Assieds-toi par terre, plus de trône,
>   fille des Chaldéens !
> Jamais plus on ne t'appellera
>   délicate et voluptueuse !
>
> Prends la meule et mouds la farine ;
>   ôte ton voile ;
> Trousse ta robe, découvre tes jambes,
>   traverse les rivières [2].
>
> Je prendrai ma vengeance et je serai inexorable,
>   dit [3] notre rédempteur :
> Iahvé des armées est son nom,

La consolation d'Israël (second Isaïe)

le Saint d'Israël.

Assieds-toi en silence et va-t'en dans l'ombre,
    fille des Chaldéens !
Car on ne t'appellera plus
    souveraine des royaumes.

J'étais fâché contre mon peuple :
    j'ai profané mon héritage ;
Je les ai livrés en ta main,
    tu n'as pas usé pour eux de pitié.

Sur les vieillards, tu fis peser
    ton joug fortement.
Et tu disais : Toujours, je durerai,
    souveraine à jamais.
Tu n'as pas eu de cela [4] souci,
    tu ne pensais pas à la fin.

Et maintenant écoute ceci, voluptueuse,
    qui es assise en sécurité ;
Qui dis en ton cœur :
    Moi, et pas d'autre que moi !
Je ne resterai pas veuve,
    je ne serai pas privée d'enfants.

Et t'arriveront ces deux choses-là
    subitement, en un seul jour :
Privation d'enfants et veuvage à la fois [5]
    fondront sur toi,
Malgré l'abondance de tes sortilèges,
    malgré la vertu de tes incantations.

Alfred Loisy

Impuissance des magiciens et des devins

    Tu te fiais à ta malice [6],
        tu disais : Nul ne me voit.
    Ta sagesse et ta science,
        c'est ce qui t'a égarée ;
    Et tu as dit en ton cœur :
        Moi, et pas d'autre que moi !

    Mais fondra sur toi malheur
        que tu ne sauras conjurer ;
    Et tombera sur toi ruine
        que tu ne pourras écarter ;
    Et fondra sur toi soudainement
        destruction imprévue de toi.

    Tiens-toi donc à tes incantations
        et à l'abondance de tes sortilèges,
            où tu peinas dès ta jeunesse :
    Peut-être te pourront-ils servir,
        peut-être te feras-tu craindre ?

    Tu t'es fatiguée à tant consulter :
        qu'ils se lèvent donc et qu'ils te sauvent,
    Ceux qui observent les cieux,
        qui regardent dans les étoiles,
    Qui font savoir chaque mois
        les choses qui t'arriveront [7].

La consolation d'Israël (second Isaïe)

Les voici devenus comme fétus ;
    le feu les consume.
Ils ne soustrairont pas leur vie
    au pouvoir de la flamme :
Ce n'est pas braise pour se chauffer,
    foyer pour s'asseoir devant.
Tels te deviennent ceux avec qui tu as peiné,
    tes magiciens [8], dès ta jeunesse.
Chacun de son côté, ils s'enfuient,
    nul ne te sauve.

---

1. Babylone personnifiée, comme Jérusalem en « la vierge, fille de Sion ».
2. Suit glose : Sera découverte ta nudité ; même on verra ta honte.
3. Dans le texte, ce mot, altéré, se rattache au précédent, et on lit : « je n'aurai pas égard à homme ».
4. Le dessein de Iahvé sur Israël ; Babylone eu était l'instrument ; mais elle l'a exécuté trop cruellement et sans s'inquiéter du lendemain.
5. Texte : « dans leur plénitude ».
6. Peut-être doit-on lire : « en ta science ». L'auteur sait fort bien que le sacerdoce babylonien excelle dans l'art de la divination et dans la magie des rites incantatoires.
7. Texte ; « d'où les choses t'arriveront ».
8. Texte : « tes marchands ».

V. LES PRÉDICTIONS DE IAHVÉ

Prédictions anciennes et prédictions nouvelles

Entendez ceci, maison de Jacob,
    qui portez le nom d'Israël,
        et des flancs [1] de Juda êtes sortis ;
Qui jurez par le nom de Iahvé,
    et le Dieu d'Israël, célébrez,
        sans vérité ni justice.
Car d'après la ville sainte, ils se dénomment
    et sur le Dieu d'Israël, ils s'appuient,
        qui a nom Iahvé des armées.

Le passé jadis j'ai annoncé ;
      de ma bouche, c'est sorti, et je l'ai fait entendre ;
    soudain j'ai agi, et c'est arrivé.
Parce que je sais que dur tu es,

La consolation d'Israël (second Isaïe)

que ton cou est barre de fer
  et ton front d'airain.

Et je t'ai annoncé cela jadis,
  avant l'événement je te l'ai fait entendre,
De peur que tu ne dises : Mon idole l'a fait,
  ma statue, mon dieu de fonte l'a prescrit [2].

Je te fais entendre choses nouvelles [3] dès maintenant,
  choses réservées, que tu ne connais pas ;
Maintenant, elles se réalisent, et pas jadis,
  avant le temps tu n'en as rien entendu,
    de peur que tu ne dises : Eh bien ! je le savais.

Non, tu n'as pas entendu, non tu n'as pas vu,
  non, je ne t'ai pas jadis ouvert l'oreille ;
Car je sais que tu es tout à fait infidèle
  et que rebelle dès ta naissance, on te nomme.

À cause de mon nom, je retiens ma colère,
  et de mon honneur, je me contiens à ton égard,
    pour ne te point exterminer.
Voici que je t'ai passé au feu, pour moi, comme argent [4] ;
  je t'ai éprouvé au creuset de l'adversité.
C'est à cause de moi, à cause de moi que je le fais,
  [car comment mon nom [5] serait-il profané ?]
    et ma gloire à autre, je ne donne pas !

Entends-moi, Jacob, mon serviteur [6],
  Israël, que j'ai appelé.

Alfred Loisy

    C'est moi, c'est moi le premier,
       c'est aussi moi le dernier.
    C'est aussi ma main qui a fondé la terre,
       ma droite qui a déployé les cieux.
    Je les ai appelés :
       les voilà présents.

L'accomplissement

    Assemblez-vous tous et entendez :
       qui parmi eux [7] a prédit ces choses,
    L'a amené pour accomplir sa volonté
       sur Babel et sur la race des Chaldéens [8] ?
    C'est moi, moi qui ai parlé, l'ai appelé,
       je l'ai conduit et j'ai fait réussir son entreprise.

    Approchez de moi, entendez ceci :
       dès le début, je n'ai pas parlé dans le secret :
         depuis que la chose arrive, je suis là.
[9]………………………………………………
    ………………………………………………

    Ainsi, dit Iahvé, ton rédempteur,
       le Saint d'Israël :
    C'est moi, Iahvé ton Dieu,
       qui t'instruis pour ton bien
       et t'achemine sur la voie où tu dois marcher.

    Que n'es-tu attentif à mes commandements !
       comme un fleuve serait ton bonheur,

La consolation d'Israël (second Isaïe)

    ta prospérité comme les flots de la mer ;
Comme les grains de sable serait ta race,
    les fruits de tes entrailles comme la poussière de la terre [10] ;
Ne serait pas détruit, ne serait pas aboli
    ton [11] nom de devant moi.

Sortez de Babel,
    fuyez les Chaldéens !
Avec chant de joie, annoncez,
    publiez cela !
Portez-le jusqu'au bout de la terre,
    dites : Iahvé rachète
        son serviteur Jacob !

Aux déserts, il les fait passer
    et ils n'ont pas soif [12] ;
Il fait jaillir eau du roc pour son peuple [13] ;
    il fend le roc, et s'épand l'eau [14].

---

1. Texte : « des eaux ».
2. Suit glose : Tu as entendu : regarde tout cela ; et vous, ne dites-vous pas prédiction ?
3. Les choses nouvelles ne peuvent être que le salut d'Israël, non réalisé encore ; ce n'est pas précisément la prophétie mystique du Serviteur de Iahvé, prophétie qui concerne de même le salut en voie de s'accomplir. Plusieurs critiques admettent de larges gloses dans le présent poème ; mais la structure du morceau ne favorise pas leur hypothèse.
4. Texte : « et pas d'argent » !
5. Mot ajouté dans la traduction pour donner un sens à cette ligne ; mais la ligne même pourrait être une glose.
6. Leçon de quelques manuscrits. Le texte ordinaire a seulement : « Jacob ».

7. Les dieux des nations.
8. Ce vers, qui concerne la vocation de Cyrus est altéré dans l'original : « Iahvé l'aime, il fera sa volonté sur Babel et son bras, les Chaldéens ».
9. Texte altéré.
10. Leçon du grec.
11. Texte : « son ».
12. Les deux membres de ce vers semblent avoir été interdit dans le texte.
13. Texte : « pour eux ».
14. Suit glose : « Pas de paix, dit Iahvé, pour les impies ».

VI. LE SERVITEUR DE IAHVÉ, LIBÉRATEUR D'ISRAËL ET LUMIÈRE DES NATIONS

La mission du Serviteur

Entendez-moi, îles,
 écoutez, peuples lointains !
Iahvé dès le sein m'appela,
dès les entrailles de ma mère, il évoqua mon nom [1]

Il a fait de ma bouche un glaive [2] tranchant ;
 dans l'ombre de sa main, il m'a caché.
Il a fait de moi une flèche aiguë,
 dans son carquois, il m'a mis à couvert.

Il m'a dit :
 Tu es mon serviteur,
  Israël [3], par toi, je me glorifierai.
J'ai donc cet honneur aux yeux de Iahvé,

Alfred Loisy

    et mon Dieu est ma force.

Et moi, je disais [4] : En vain j'ai peiné,
    pour néant et rien, j'ai usé ma vigueur.
Mais mon dû était près de Iahvé,
    ma récompense près de mon Dieu.

Et maintenant ainsi dit Iahvé,
    qui m'a formé dès le sein en serviteur pour lui,
Afin de ramener Jacob vers lui
    et qu'Israël, je lui rassemble :

C'est peu [5] que tu me sois serviteur
    pour rétablir les tribus de Jacob
        et ramener les sauvés d'Israël,
Je te fais lumière des nations,
    pour que soit mon salut
        jusqu'au bout de la terre [6].

Ainsi dit Iahvé,
    rédempteur d'Israël et son Saint,
Au méprisé des hommes [7], à l'abominé des gens,
    à l'esclave des dominateurs :

Des rois te verront et ils se lèveront,
    des princes, et ils se prosterneront,
À cause de Iahvé qui est fidèle,
    du Saint d'Israël, qui t'a élu [8].

La consolation d'Israël (second Isaïe)

Retour des exilés et restauration de Jérusalem

Ainsi dit Iahvé :
    Au temps de grâce, je t'exauce,
        au jour de salut, je te viens en aide,
[Je t'ai formé et établi alliance de peuple [9]]
    pour relever le pays en ruines [10]
        pour distribuer les héritages dévastés ;
Pour dire aux prisonniers : Sortez !
    à ceux qui sont dans les ténèbres : Venez au jour !

Sur toutes [11] routes, ils paîtront,
    et sur toutes hauteurs seront leurs pâturages ;
Ils ne souffriront ni de faim ni de soif,
     ils n'auront coups ni de vent brûlant ni de soleil ;

Car celui qui a pitié d'eux les guidera
    et près des fontaines, il les conduira.
Je changerai tous les monts en chemin,
    et des routes [12] seront dressées.
En voici qui de loin viennent,
    en voici du Nord et du Couchant,
        et ceux-là du pays de Sinim [13].

Criez de joie, cieux ; exulte, terre ;
    poussez, montagnes, votre cri de joie,
Parce que Iahvé console son peuple
    et de ses malheureux, il a pitié.

Alfred Loisy

Sion disait : Iahvé m'a délaissée,
  et mon Seigneur m'a oubliée !
Est-ce que femme oublie son nourrisson,
  sans pitié pour le fils de son sein ?

Quand même elle l'oublierait,
  moi, je ne t'oublierais pas.
Vois, sur mes mains, je t'ai dessinée ;
  tes murs sont devant mes yeux toujours.

Ils accourent, ceux qui rebâtiront [14] tes ruines [15],
  et ceux qui t'ont dévastée de toi s'éloignent.
Lève à l'entour tes yeux et regarde :
  tous ils s'assemblent, ils viennent à toi.
Par ma vie, parole de Iahvé,
  de tous comme d'ornement, tu te revêtiras,
    et tu t'en ceindras comme une fiancée.

Car tes régions désolées et dévastées,
  ton pays en ruines
[16] ....
....
Car maintenant, tu es trop étroite pour tes habitants.
  et sont loin ceux qui te dévoraient.

Ils diront encore à tes oreilles,
  ces fils de ton deuil maternel :
Trop étroit est pour moi l'endroit ;
  fais-moi place, que j'y habite !

82

La consolation d'Israël (second Isaïe)

Et tu diras en ton cœur :
  Qui m'a enfanté ceux-ci ?
J'avais perdu mes enfants et j'étais stérile [17] :
  ceux-ci, qui les a élevés ?
Voici que j'étais restée seule :
  ceux-là, d'où viennent-ils ?

Asservissement des nations et châtiment des oppresseurs d'Israël

Ainsi dit le Seigneur Iahvé :
  Je vais tendre vers les nations ma main
    et vers les peuples lever mon étendard.
Ils ramèneront tes fils à bras,
  et tes filles sur épaules seront rapportées.

Leurs rois seront tes nourriciers,
  leurs princesses, tes nourrices ;
Face contre terre, ils se prosterneront devant toi,
  et la poussière de tes pieds, ils lécheront.
Et tu reconnaîtras que je suis Iahvé,
   qui préserve de confusion ceux qui se confient
en moi.

Ainsi dit Iahvé [18] :
  Prend-on à guerrier prise,
    et captifs de puissant [19] s'échappent-ils ?
  Même si captifs de guerrier, on prenait
    et prise de puissant s'échappait,

Alfred Loisy

    Ceux qui t'attaquent, moi, j'attaquerai,
       et tes enfants, moi, je sauverai.

    Je ferai manger à tes oppresseurs leur propre chair
       et, comme de vin doux, de leur sang, ils s'enivreront.
    Et reconnaîtra toute chair
       que moi Iahvé, je suis ton sauveur,
          et ton rédempteur, le héros de Jacob.

    Ainsi dit Iahvé :
       Où est l'acte de répudiation de votre mère,
       par lequel je l'ai renvoyée ?
    Ou quel est de mes créanciers
       celui à qui je vous ai vendus ?
    C'est pour vos crimes que vous fûtes vendus,
       et pour vos péchés que fut répudiée votre mère.

    Pourquoi, moi venant, n'y a-t-il personne,
       et moi appelant, nul ne répond-il ?
    Mon bras est-il trop court pour délivrer,
       et n'est-il pas en moi force pour sauver ?

    Pourtant par ma menace, je vide la mer,
       et je change les fleuves en désert :
    Leurs poissons sèchent [20] faute d'eau,
       et leurs animaux [21] meurent de soif.
    Je revêts les cieux de noir,
       je leur mets cilice pour couverture [22].

La consolation d'Israël (second Isaïe)

Humiliations et courage du Serviteur

Le Seigneur Iahvé m'a donné
   la langue des disciples,
Pour que je sache répondre
   au fatigué [23] parole.

Dès le matin, il m'éveille [24] l'oreille,
   pour écouter comme les disciples ;
Et moi, je n'ai pas résisté,
   je ne me suis pas retiré.

Mon dos, j'ai présenté à qui me frappait,
   mes joues à qui m'arrachait la barbe ;
Ma face, je n'ai pas dérobée
   à l'ignominie et au crachat [25].

Et le Seigneur Iahvé m'a secouru :
   c'est pourquoi je n'ai pas senti l'ignominie ;
C'est pourquoi j'ai rendu ma face comme marbre,
   je savais que je ne serais pas confondu.

Proche est mon défenseur : qui m'attaque ?
   mesurons-nous ensemble.
Qui me veut procès ?
   qu'il m'aborde.

Oui, le Seigneur Iahvé me secourt :
   qui me condamnera ?

Alfred Loisy

>Oui, tous comme habit vous vous userez [26],
> la teigne vous mangera.

>Qui parmi vous craint Iahvé ?
> qu'il écoute la voix de son serviteur.
>Celui qui marche en ténèbres
> et privé de lumière,
>Qu'il se confie au nom de Iahvé
> et s'appuie sur son Dieu.

>Oui, vous tous qui allumez feu,
> qui enflammez [27] dards,
>Allez à la flamme de votre feu
> et aux dards que vous allumez.
>De ma main cela vous arrive,
> sur lit de peine, vous coucherez [28].

Gloire d'Israël et salut des nations

>Écoutez-moi, vous tous qui poursuivez justice,
> qui recherchez Iahvé.
>Regardez le roc où vous fûtes taillés,
> la carrière dont vous avez été extraits.
>Regardez Abraham votre père,
> et Sara [29], qui vous enfanta.
>Car lui seul, j'ai appelé,
> je l'ai béni, je l'ai multiplié.

La consolation d'Israël (second Isaïe)

Car Iahvé a pitié de Sion,
   il a pitié de toutes ses ruines.
Il changera son désert en paradis,
   sa steppe en jardin de Iahvé [30].
Joie et allégresse, on y trouvera,
   action de grâce et bruit de cantique.

Soyez-moi attentifs, peuples, nations [31],
   prêtez-moi l'oreille.

Car doctrine de moi viendra
   et ma loi sera lumière des peuples [32].
Proche est ma justice, vient mon salut ;
   mes bras jugeront les peuples.
C'est moi que les îles attendent,
   et en mon bras, elles espèrent.

Levez au ciel vos yeux,
   regardez la terre en bas :
Les cieux comme fumée disparaîtront,
   la terre comme habit s'usera
[et ses habitants comme mouches mourront [33].]
Mais mon salut éternellement durera,
   et ma justice ne finira pas.

Écoutez-moi, vous qui connaissez la justice,
   peuple qui avez ma doctrine en vos mœurs.
Ne craignez pas l'insulte des hommes,
   et de leurs outrages ne vous effrayez pas.

Alfred Loisy

> Car comme vêtement les mangera la teigne,
>> et ; comme laine, les mangera le ver.
> Mais ma justice éternellement durera,
>> et mon salut, d'âge en âge.

Exploits Anciens et nouveaux de Iahvé

> Lève-toi, lève-toi, revêts-toi de force,
>> bras de Iahvé !
> Lève-toi comme aux jours d'autrefois,
>> aux âges de l'Antiquité !
>
> N'est-ce pas toi qui pourfendis Rahab [34],
>> qui transperças le Dragon ?
> N'est-ce pas toi qui desséchas la mer [35],
>> les eaux du grand abîme ?
> [Qui changeas les profondeurs de la mer en chemin
>> pour le passage des rachetés ?
>
> Les affranchis de Iahvé retourneront ;
>> ils viendront à Sion avec des cris de fête ;
>>> joie éternelle sera sur leurs êtes ;
> Allégresse et joie leur adviendront ;
>> s'enfuiront tristesse et gémissement.]
>
> C'est moi, moi qui te [36] console !
>> qui es-tu, pour craindre homme qui meurt
>>> et fils d'homme qui comme herbe passe ?

La consolation d'Israël (second Isaïe)

Pour oublier Iahvé qui t'a fait,
   qui a déployé les cieux et fondé la terre ?
Pour redouter incessamment, tous les jours,
   la colère de l'oppresseur,
     quand il travaille à te perdre ?

Mais où est la colère de l'oppresseur ?
   Le captif (?) est près d'être délivré [37] ;
Il ne mourra pas dans la fosse,
   et ne fera pas défaut son pain.

Je suis Iahvé ton Dieu,
   qui soulève la mer pour que bruissent les flots :
     Iahvé des armées est mon [38] nom.
Je mets mes paroles en ta bouche,
   à l'ombre de ma main, je te protège,
Pour déployer [39] cieux et pour fonder terre,
   pour dire à Sion : Mon peuple, c'est toi !

---

1. Comparer ce qui a été dit plus haut du Serviteur Israël et de Cyrus.
2. La parole de Iahvé dans la bouche du Serviteur fait de cette bouche un « glaive » mais tenu en réserve ; la flèche a le même sens.
3. Le mot « Israël » est considéré comme une glose par les critiques qui veulent que le Serviteur soit ici un individu. Le vers suivant : « J'ai donc cet honneur » etc., vient dans le texte en cinquième vers de la strophe suivante, après : « et qu'Israël, je lui rassemble ».
4. Avant que s'annonçât la glorification dont il vient d'être parlé.
5. Texte : « Et il me dit », avant : « C'est peu » etc., addition rendue nécessaire par la transposition qui a été signalée précédemment.

6. Logiquement, il semble contradictoire que le Serviteur Israël soit chargé de restaurer Israël ; mais il ne paraît pas moins impossible qu'un seul individu soit chargé de rassembler Israël dispersé et de convertir à Iahvé tous les peuples. Dans la strophe qui suit, Israël apparaît aussi bien personnifié en individu et conçu comme nation. C'est l'élite inspirée, l'âme d'Israël, qui rassemble son corps et qui glorifie Iahvé devant les nations.
7. Texte : « au méprisé d'âme ».
8. Les quatre vers de cette strophe résument brièvement les souffrances et la gloire du Serviteur, qui seront amplement décrites plus loin (poème VIII).
9. Ligne répétée d'un poème précédent. Plusieurs la regardent comme une glose rapportée ; mais, si on l'omet, la phrase n'est pas en parfait équilibre, car il n'est pas très naturel de supposer que Iahvé dise : « Je te viens en aide pour relever » ou « en relevant » etc.
10. Mot rétabli par conjecture.
11. Leçon du grec.
12. Texte : « mes monts », « mes routes ».
13. Désignation incertaine. On propose la lecture *Sevênim*, qui serait Syène (Assouan) ; et le fait est qu'il existait en ce temps-là une colonie juive à Eléphantine. Peut-être faudrait-il aussi lire : « d'Orient », et non : « de loin ».
14. Lecture du grec. Texte : « tes fils ».
15. Texte : « ceux qui t'ont ruinée »
16. Manque ensuite un vers.
17. Le texte ajoute : « exilée et répudiée ».
18. Cette formule est placée dans le texte avant le second vers de la strophe.
19. Texte : « juste », leçon condamnée par la reprise dans le vers suivant.
20. Leçon du grec. Texte : « puent ».
21. Mot suppléé par conjecture.
22. Tout ce morceau, et non seulement la dernière strophe, vient assez mal en cette place ; et comme il n'est pas tout à fait dans l'esprit et le ton du second Isaïe, l'on est tenté d'y voir un supplément rédactionnel.
23. Mot douteux.
24. Le texte a deux fois : « dès le matin; il éveille ».

La consolation d'Israël (second Isaïe)

25. Cette strophe décrit les difficultés et les affronts que le Serviteur rencontre dans l'exercice de sa mission providentielle. Il n'est pas question de péchés qui lui seraient imputés.
26. Leçon du grec. Texte : « ils s'useront » et « les mangera ». La glorification du Serviteur est proche : malheur à qui l'opprime !
27. Texte : « qui vous ceignez de dards ».
28. Le feu étant métaphorique, il n'est pas sûr que le châtiment en question soit celui de la géhenne. Plusieurs critiques tiennent pour addition secondaire cette strophe où Iahvé s prend la parole contre les mauvais Israélites. Les trois premiers vers peuvent néanmoins s'entendre en appel à la confiance des Israélites éprouvés, et les trois derniers en menace à l'adresse de leurs ennemis.
29. Abraham est le roc, et Sara la carrière.
30. Allusion à l'Éden de la Genèse.
31. Texte : « mon peuple », « ma nation ».
32. Texte : « et ma loi en lumière des peuples, je ferai reposer ».
33. Ligne suspecte d'interpolation et qui, en tout cas, s'applique seulement à ceux qui seront condamnés à mort dans la strophe suivante.
34. Le même exploit est signalé dans *Job*, XXVI, 12, où Rahab personnifie l'océan primordial, que Dieu a vaincu au commencement des temps ; ailleurs (IX, 13) le même livre mentionne les « auxiliaires de Rahab », que Iahvé a domptés. Rahab et ses auxiliaires s'identifient au monstre Tiamat et à son armée, qui figurent dans le poème babylonien de la création : Marduk pourfend Tiamat et asservit ses auxiliaires. Rahab est le Dragon, en tant que monstre des eaux. Le mythe de la création qu'a connu notre auteur était plus riche que celui de la *Genèse*.
35. La « mer » n'est pas la mer Rouge, mais le « grand abîme », *tehom*, qui est Rahab-Tiamat. Il s'agit toujours de la création. Ce qui suit concerne la sortie d'Égypte et l'on y a rattaché quelques lignes provenant d'*Isaïe*, XXXV, 9-10. L'interpolation ne paraît pas douteuse et elle remplace probablement les traits mythiques par lesquels l'auteur complétait sa description des exploits de Iahvé à l'origine des temps. Peut-être l'interpolateur voulait-il voir dans Rahab l'Égypte.
36. Texte : « vous ».
37. Texte douteux.

Alfred Loisy

38. Texte : « son ».
39. Texte : « planter ». Du reste, on ne voit pas très bien ce que l'autour veut dire : soit qu'il ait voulu signifier la création d'un monde nouveau, soit qu'il ait voulu rappeler que le protecteur d'Israël est le créateur du monde, son langage manque de netteté.

VII. LA DÉLIVRANCE DE JÉRUSALEM

La coupe de la colère

Réveille-toi, réveille-toi,
    lève-toi, Jérusalem,
Toi qui as bu de la main de Iahvé
    la coupe de sa colère :
Le calice [1] du vertige,
    Tu l'as bu, épuisé [2] !

Ces deux maux [3] t'ont atteinte :
    qui te plaindra ?
La ruine et l'écroulement, la famine et le glaive :
    qui te consolera [4] ?

Tes enfants défaillent, ils gisent [5]
    comme antilope en filet,

Alfred Loisy

Remplis de la colère de Iahvé,
   des reproches de ton Dieu.

Entends-donc ceci, malheureuse,
   ivre, mais pas de vin.
Ainsi dit ton Seigneur Iahvé,
   ton Dieu qui plaide pour son peuple :

Voici que je prends de ta main
   la coupe du vertige :
Le calice [6] de ma colère,
   tu ne le boiras plus.

Je le mettrai dans la main de tes persécuteurs
   et dans la main de tes oppresseurs [7],
De ceux qui te disaient :
   Baisse-toi, que (sur toi) nous passions !
Lorsque tu faisais de ton dos comme le sol
   et comme une rue pour les passants.

Lève-toi, lève-toi, Sion,
   revêts-toi de ta force ;
Revêts tes habits de fête,
   Jérusalem, ville, sainte ;
Car plus n'entrera chez toi désormais
   ni l'incirconcis ni l'impur.
Secoue ta poussière, lève-toi,
   captive [8], Jérusalem ;
Dégage des chaînes ton cou,
   captive, fille de Sion [9].

La consolation d'Israël (second Isaïe)

Le retour des exilés

Ils se hâtent ¹⁰ sur les monts les pieds du messager
    qui annonce la paix,
Du messager de bonheur qui annonce salut,
    qui dit à Sion :
        Ton Dieu règne ! ¹¹

Tous ¹² ses guetteurs élèvent la voix,
    ensemble, ils crient de joie ;
Car d'œil à œil ils voient
    le retour de Iahvé à Sion.

Poussez vos cris de joie ensemble,
    ruines de Jérusalem !
Car Iahvé console son peuple,
    il rachète Jérusalem.

Iahvé découvre son saint bras
    aux yeux de toutes les nations,
Et tous les bouts de la terre voient
    le salut de notre Dieu.

Retirez-vous, retirez-vous, sortez de là ¹³ !
    rien d'impur, ne touchez !
Sortez du milieu d'elle, purifiez-vous,
    vous qui portez les vases de Iahvé ! ¹⁴
Mais ce n'est pas en hâte qu'il vous faut sortir,
    ni par fuite vous en aller ;

Alfred Loisy

> Car devant vous chemine Iahvé,
>   et le Dieu d'Israël ferme votre marche.

---

1. Texte : « le calice de la coupe ».
2. Suit glose : Aucun ne lui fut guide, de tous les fils qu'elle enfanta ; Aucun ne l'a prise par la main, de tous les fils qu'elle éleva.
3. Le vers suivant indiquera quatre fléaux, mais ils-sont donnés par paire, deux et deux.
4. Texte : « Te consolerai-je ? »
5. Le texte ajoute : « à tous les coins de rue », d'après *Lamentations*, II, 19.
6. Texte : « le calice de la coupe ».
7. Membre restitué d'après le grec.
8. Texte : « Assieds-toi ».
9. Suit longue addition rédactionnelle :
   Car ainsi dit Iahvé :
   Pour rien vous fûtes vendus,
     et ce n'est pas pour argent que vous êtes rachetés.
   Car ainsi dit le Seigneur Iahvé :
   En Égypte descendit mon peuple,
     autrefois pour y séjourner ;
     et Assur sans raison l'opprima.
   Mais maintenant qu'ai-je ici ?
     parole de Iahvé, puisque mon peuple a été pris pour rien.
   Ses maîtres (?)…………….., parole de Iahvé,
     et incessamment, tous les jours, mon nom est outragé.
   C'est pourquoi mon peuple connaîtra mon nom ;
     en ce jour-là (il saura) que c'est moi qui dis : Me voici.
10. Texte : « qu'ils sont beaux ».
11. Le retour de Iahvé à Sion semble conçu d'après un cérémonial qui se pratiquait jadis au commencement de chaque année pour l'intronisation du Dieu et l'inauguration de son règne : une procession solennelle s'avance ; des guetteurs en annoncent l'approche ; c'est Iahvé qui rentre dans Sion pour la prospérité de son peuple. De ce règne, on se promettait autrefois la victoire sur les peuples voisins ; notre prophète en attend, après et moyennant les souffrances du passé, la réconciliation d'Israël et la conversion des peuples.
12. Texte : « Une voix ! ».

La consolation d'Israël (second Isaïe)

13. De Babylone.
14. Trait en rapport avec l'image de la procession et qui évoque le souvenir de l'arche ; du reste, « pas en hâte ni par fuite » marque l'antithèse avec la sortie d'Égypte, que rappelle aussi la présence de Iahvé en tête où à l'arrière du cortège.

VIII. LA MORT EXPIATOIRE DU SERVITEUR DE IAHVÉ

La gloire après l'humiliation

Voici que mon serviteur réussira,
 il montera, grandira, s'élèvera très haut.
Comme l'ont vu [1] avec horreur beaucoup
 ainsi [2]…………………………………… !

(Comme) son aspect altéré n'était plus d'un homme,
 ni son visage d'un être humain,
Ainsi l'admireront [3] les nations nombreuses,
 et devant lui les rois fermeront la bouche.
Car, ce qui ne leur avait pas été conté, ils le voient,
 et ce qu'ils n'avaient pas entendu, ils le comprennent [4].

La consolation d'Israël (second Isaïe)

Qui eût cru à ce que nous apprenons,
    et le bras de Iahvé, à qui était-il découvert ?

Il [5] a poussé comme un rejeton devant lui,
    comme un rejet sortant d'un sol aride.
Nulle grâce en lui [6] pour fixer notre vue,
    nulle beauté pour nous charmer ;

Méprisé, abandonné des hommes,
    homme de douleur, accoutumé à maladie,
Devant qui on se voile la face,
    méprisé, que nous comptions pour rien.

Mais, nos maladies, c'est lui qui les portait ;
    nos douleurs, il en était chargé.
Et nous, nous le croyions châtié,
    frappé de Dieu et humilié.

Or, il était transpercé pour nos péchés,
    broyé pour nos iniquités ;
Le châtiment qui nous sauve était sur lui,
    et par ses plaies nous sommes guéris.

Tous nous étions, comme brebis, errants,
    chacun notre voie, nous suivions ;
Et Iahvé faisait retomber sur lui
    l'iniquité de nous tous [7].

Alfred Loisy

Les souffrances du Juste et le salut des pécheurs

Il était torturé, mais il se taisait [8],
    et il n'ouvrait pas la bouche,
Comme agneau qu'à la boucherie, on porte,
    comme brebis devant qui la tond [9].

Par oppression et jugement il est emporté [10] ;
    et son ……………[11] qui y pense ?
Car il est enlevé de la terre des vivants,
    et pour nos [12] péchés, il est frappé à mort [13].

On met parmi les impies sa tombe
    et parmi les malfaiteurs sa sépulture [14],
Bien qu'il n'ait pas commis de crime,
    et qu'il n'y ait pas eu mensonge en sa bouche.

Mais Iahvé s'est plu à le broyer [15].
    S'il met [16] en rançon sa vie (?),

Il verra postérité, il aura longs jours [17],
    et le dessein de Iahvé en sa main réussira.
………………………………………
………………………………… [18]

Juste [19] mon serviteur fera beaucoup de justes,
    et leurs iniquités, c'est lui qui les porte.
C'est pourquoi il aura part [20] avec beaucoup,
    et avec grand nombre, il partagera butin :

La consolation d'Israël (second Isaïe)

Parce qu'il a donné [21] sa vie [22]
et qu'avec les pécheurs, il a été compté,
Alors qu'il portait les fautes de beaucoup
et pour les pécheurs, il intervenait.

---

1. Texte : « t'ont vu ».
2. Lacune. L'admiration actuelle devait être opposée à r l'horreur antérieure, comme dans les vers suivants.
3. Leçon du grec ; mot inintelligible dans l'hébreu.
4. Cette première strophe est d'introduction ; Iahvé y proclame l'exaltation de son Serviteur, consécutive à l'humiliation. Les peuples ensuite prennent la parole, reconnaissant le dessein de Iahvé ; mais ce témoignage des peuples n'est concevable que par rapport au Serviteur Israël.
5. Le Serviteur.
6. Le texte ajoute : « ni éclat ».
7. L'infortune extraordinaire du Serviteur Israël s'explique par le fait qu'il a été, en quelque façon, devant Iahvé, le bouc émissaire de tous les peuples. Ses propres péchés n'auraient pas mérité une si douloureuse expiation ; il a expié les péchés de tous ; et sa mort, suivie de résurrection, n'est pas que l'occasion providentielle de leur conversion. L'antique confusion de la maladie, de l'impureté et du péché subsiste dans ce tableau idéal de la souffrance réparatrice ; de même celle de l'élimination du mal par la mort de la victime, en laquelle ont été concentrées les souillures d'une collectivité. Transportée ainsi dans l'ordre théologico-moral, la notion magique du sacrifice expiatoire n'acquiert peut-être pas toute la sublimité qu'on est accoutumé d'y reconnaître ; même entendue métaphoriquement des malheurs d'un peuple, elle retient encore trop l'horrible caractère du sacrifice humain. Mais, si les malheurs d'Israël restent, au fond, inexpliqués, l'idée qu'on se fait de son rôle par rapport à l'humanité ne manque pas de grandeur ni même de vérité. Que l'auteur se soit inspiré ici de quelque mythe de dieu immolé, c'est ce qui n'apparaît aucunement.
8. Texte : « il se résignait ».
9. Le texte ajoute : « silencieux, et il n'ouvrait pas la bouche ».
10. Texte et sens douteux.

Alfred Loisy

11. Ici un mot qui ne comporte pas de traduction acceptable.
12. Texte : « pour le péché de mon peuple ».
13. Leçon du grec. Texte : « coup à eux ».
14. Lecture et traduction conjecturales. Texte : « et avec le riche (il est) en sa mort ». La mort du Serviteur est assez sûrement indiquée dans cette strophe, mais il ne s'ensuit pas nécessairement que le Serviteur soit un individu, puisque, dans la strophe suivante, le Serviteur vit encore, faisant dans sa gloire l'œuvre de Iahvé comme il l'a faite dans ses douleurs.
15. Ici mot intraduisible.
16. Texte : « si tu mets ». Le texte et le sens de ce vers sont fort incertains. Il semble que le prophète prenne ici la parole, les quatre derniers vers de la strophe, conclusion du présent poème, étant dits par Iahvé.
17. Peut-être : « Il verra postérité qui aura longs jours ». Mais tout ce passage est de lecture douteuse.
18. Le texte donne : (Délivré) du tourment de son âme, il verra, il sera rassasié en le connaissant. Le Serviteur verrait accompli le dessein de Iahvé et serait heureux de le connaître ainsi réalisé.
19. Mot suspect.
20. Leçon du grec. Texte : « je lui ferai part ».
21. Littéralement : « versé ».
22. Le texte ajoute : « à la mort ».

IX. LA NOUVELLE JÉRUSALEM

Après l'abandon, la gloire sans fin

    Crie de joie, stérile, qui n'enfantas pas ;
        pousse des cris d'allégresse, toi qui ne fus pas en travail ;
    Car plus nombreux sont les fils de la délaissée [1]
        que les fils de la mariée, dit Iahvé.

    Élargis la place de ta tente,
        déploie tes couvertures [2] sans ménager.
    Allonge tes cordes
        et consolide tes pieux.
    Car à droite et à gauche, tu t'étendras ;
        ta race les nations possédera et les villes, désertes peuplera.

    Ne crains pas, car tu ne seras pas confondue ;
        n'aie pas honte, car tu n'auras pas à rougir.

Alfred Loisy

Car la honte ³ de ta jeunesse, tu oublieras,
   et de l'opprobre de ta viduité, tu ne te soutiendras plus.

Car ton époux est celui qui t'a faite,
   Iahvé des armées est son nom ;
Ton rédempteur est le Saint d'Israël,
   Dieu de toute la terre, il se nomme.

C'est comme femme abandonnée et affligée d'esprit
   que t'appelle Iahvé,
Épouse de jeunesse qui a été méprisée,
   dit ton Dieu.

Pour un petit moment, je t'ai abandonnée,
   et en amour grand, je te recueille ;
Par débordement de colère
   j'ai détourné ma face, un moment, de toi,
Et par bonté éternelle, je t'aime,
   dit ton rédempteur Iahvé.

Comme aux jours ⁴ de Noé, ce sera pour moi :
   comme j'ai juré que ne passerait plus
      le déluge de Noé sur la terre,
Ainsi, je jure de ne me plus irriter contre toi
   et de ne plus te menacer.

Que les montagnes s'éloignent
   et que les collines s'ébranlent :
Ma bonté de toi ne s'éloignera pas,

La consolation d'Israël (second Isaïe)

et mon pacte de paix ne sera pas ébranlé,
  dit Iahvé qui t'aime.

Malheureuse, battue de l'orage, inconsolée,
  voici que moi, je pose en jaspe [5] tes assises [6],
    et tes fondations en saphirs.
Je ferai en rubis tes créneaux,
  tes portes en escarboucles,
    et toute ton enceinte en pierres précieuses.

Tous tes fils seront instruits par Iahvé,
  et grande sera la paix de tes fils ;
    sur salut [7] tu seras fondée.

Loin tu seras [8] de l'angoisse, car tu n'as pas à craindre,
  et de la terreur, car elle n'approchera pas de toi.

[Si l'on t'attaque, ce ne sera pas de ma part ;
  qui t'attaquera devant toi tombera [9].
C'est moi qui ai créé le forgeron
  qui souffle sur le feu de charbon,
Et produit arme selon son art ;
  et moi qui crée le destructeur pour briser.
Toute arme fabriquée contre toi n'aura pas d'effet,
    et toute langue plaidant contre toi, tu feras condamner.
Tel est l'avantage des serviteurs de Iahvé,
    et le succès [10] qui leur vient de moi, parole de [Iahvé.]

Alfred Loisy

Bonheur du peuple fidèle

> Oh ! vous tous qui avez soif, venez à l'eau,
>   vous qui êtes sans force [11], venez manger [12] ;
> Venez, achetez du blé sans argent,
>   et sans payer, du vin et du lait.
>
> Pourquoi dépenser votre argent pour n'avoir pas de pain,
>   et votre peine pour n'être pas rassasiés ?
> Écoutez-moi donc, et vous mangerez bon,
>   et de mets fins, vous vous délecterez.
>
> Prêtez l'oreille et venez à moi ;
>   écoutez-moi, pour que vive votre âme ;
> Et je vous garantirai pacte éternel :
>   les faveurs assurées à David.
>
> Vois, en témoin pour les peuples, je t'institue [13]
>   en chef et législateur de nations ;
> Vois, nation que tu ne connais pas, vient à toi [14] ;
>   nation qui ne te connaît pas, vers toi accourt,
> À cause de Iahvé ton Dieu,
>   pour le Saint d'Israël, qui te glorifie.
>
> Cherchez Iahvé pendant qu'on le trouve,
>   invoquez-le pendant qu'il est proche.
> Que l'impie abandonne sa voie,
>   et l'homme d'iniquité ses pensées ;
> Qu'il revienne à Iahvé, qui aura pitié de lui, à notre Dieu,

La consolation d'Israël (second Isaïe)

qui abonde en pardon.

Car mes pensées ne sont pas vos pensées,
    et vos voies ne sont pas mes voies, parole de Iahvé.
Comme [15] les cieux sont plus hauts que la terre,
    ainsi mes voies sont plus hautes que vos voies,
        et mes pensées que vos pensées.

Comme la pluie et la neige descendent des cieux
    et n'y retournent pas qu'elles n'aient abreuvé la terre,
    Qu'elles ne l'aient fécondée, fait germer,
        donné semence à qui sème et pain à qui mange :

Ainsi est ma parole, qui sort de ma bouche,
    elle ne revient pas à moi sans effet ;
Mais elle opère ce que je veux,
    elle réalise ce pourquoi je l'envoie.

Oui, en joie, vous partirez,
    et en paix, vous serez conduits.
Montagnes et collines pousseront devant vous des cris de joie,
    et tous les arbres de la campagne battront des mains.

À la place des épines croîtra le cyprès,
    et à la place des orties croîtra le myrte.
Et ce sera pour Iahvé un mémorial [16],
    signe éternel qui ne sera pas détruit.

Alfred Loisy

1. La « délaissée » est la « stérile », Jérusalem détruite, qui va être brillamment restaurée, et la « mariée » est Jérusalem au temps des rois.
2. Texte : « qu'on déploie les couvertures de ta demeure ».
3. Ici, les malheurs, plutôt que les écarts.
4. Texte : « Car les eaux ».
5. Leçon du grec. Texte : « antimoine ».
6. Texte : « tes pierres ». Cette description de la cité brillante a été reprise et développée dans *Apocalypse*, XXI, 19-21.
7. « Justice » parait devoir s'entendre ici au sens de « Salut »
8. Texte : « Éloigne-toi ».
9. Ce vers a chance d'être une glose ; l'insignifiance des quatre suivants invite à les prendre également pour une addition rédactionnelle.
10. Littéralement : « leur justice ».
11. Texte : « sans argent ».
12. Texte : « venez, achetez et mangez ».
13. Texte : « je l'institue ». La suite invite à commencer dès ce vers l'apostrophe au Serviteur Israël, héritier des promesses qui ont été solennellement faites à David. « Les faveurs de David » sembleraient être une allusion au *Psaume* LXXXIX, 1-5, 29, 34, 50, plutôt qu'à *II Samuel*, VII, 12-16, et ce qui est dit des nations obéissantes, au *Psaume* XVIII, 44-51, bien que, par ailleurs, notre auteur ignore le Messie davidique.
14. Texte : « tu appelleras »
15. Texte : « parce que ».
16. La métamorphose du désert en campagne verdoyante et fertile subsistera comme un monument éternel du miracle opéré par Iahvé dans la restauration de son peuple. Ainsi, la conclusion de notre prophétie en rejoint le commencement.

Du même auteur : *Le Livre de Job traduit de l'hébreu avec une introduction.*

L'Évangile et l'Église

Copyright © 2023 Alicia Éditions
Crédits : Alicia ÉDITIONS, www.canva.com
Le prophète Isaïe par Raphaël - 1512 - Basilique Sant'Agostino in Campo Marzio https://upload.wikimedia.org/wikipedia/commons/f/f0/Raffael_-_The_Prophet_Isaiah_-_1511-1512.jpg

www.ingramcontent.com/pod-product-compliance
Lightning Source LLC
LaVergne TN
LVHW021337080526
838202LV00004B/214